책세상문고 · 고전의 세계

성찰

Meditationes de Prima Philosophia

책세상문고·고전의 세계

성찰

MEDITATIONES DE PRIMA PHILOSOPHIA

르네 데카르트 지음

·

양진호 옮김

책세상

일러두기

1. 이 책은 르네 데카르트René Descartes의 라틴어 저작 《제일철학에 관한 성찰 *Meditationes de Prima Philosophia*》의 재판(Amsterdam : Elzevier, 1642)을 번역한 것이다. 관례에 따라 《성찰》로 줄여 표기했다. 본문 뒤에 이어지는 〈반론과 답변Objectiones & Responsiones〉은 이번 번역에서 제외되었다. 번역 대본은 아당C. Adam과 타네리P. Tannery가 편집한 《데카르트 전집*Oeuvres complètes*》(Paris : J. Vrin, 1996)의 제7권이다. 주에서 인용 출처와 관련해 이 전집을 언급하는 경우 관례에 따라 AT로 줄여 쓰며, 권수는 로마자로 표기한다. 예컨대 이 전집의 제7권은 AT VII로 표기한다. 본문 옆에 따로 표시한 숫자는 AT VII의 쪽수를 가리킨다.

2. 번역을 위해 참고한 번역본은 주로 다음과 같다. 르네 데카르트, 《성찰》, 이현복 옮김 (문예출판사, 1997) ; R. 데까르뜨, 《방법서설·성찰·데까르뜨 연구》, 최명관 譯·著(서광사, 1983) ; René Descartes, *Les Méditations Métaphysiques*, Duc de Luynes (tr.) (Paris : Bobing & Le Gras, 1663), AT XI-1. 그 밖에 참고한 번역본은 주에서 밝혔다.

3. 명사의 복수형은 특별히 복수의 의미를 살릴 필요가 없는 경우 단수형으로 번역하기도 했다. 예) principia philosophiae : 철학의 원리들/철학의 원리. fundamenta scientiarum : 학문들의 토대들/학문의 토대.

4. 원문에서는 강조, 직·간접 인용 등이 모두 이탤릭체로 표시되었으나, 옮길 때는 고딕체, 큰따옴표와 작은따옴표 등으로 구분했다. 길거나 복잡한 문장에서 의미를 분명히 해야 할 것은 작은따옴표로 묶기도 했다.

5. 본문에서 〔 〕안의 내용은 독자의 이해를 돕기 위해 옮긴이가 써넣은 것이며, 줄표(─)는 복잡한 관계문이나 삽입구 등을 번역하는 과정에서 옮긴이가 덧붙인 것이다.

6. 모든 주는 옮긴이의 것이며 후주로 처리했다.

7. 주에서 라틴어 낱말의 용례나 역사, 어원 등을 설명하기 위해 참고한 다양한 사전류는 별도의 문헌 사항을 밝히지 않았다.

8. 맞춤법과 외래어 표기는 현행 규정과 《표준국어대사전》(국립국어원)을 따랐다.

성찰 | 차례

《성찰》이라는 고전

고전이 왜 고전인지를 여러 가지 이유로 설명해준 지인이 있었다. 누구였는지도, 다른 이유들도 잘 기억이 나지 않지만, 한 가지 이유만은 기억에 남아 있다. 한 쪽, 한 쪽 고전苦戰을 치르며 읽어야만 다음 쪽으로 넘어갈 수 있기 때문에 고전古典이라고. 우스갯소리로 넘기고 말았지만, 고전을 번역하는 일도 크게 다르지 않은 듯하다.

철학의 고전을 꼽으라면 우선 떠오르는 책이 몇 가지 있다. 플라톤의 《국가》, 아리스토텔레스의 《형이상학》, 칸트의 《순수이성 비판》……. 그리고 데카르트의 《성찰》이 반드시 꼽히곤 한다. 수많은 고전들 가운데서도 가장 먼저 떠오르는 고전들이니 이것들은 과연 고전 중의 고전이라 할 것이다.

처음 접했을 때 플라톤의 글은 살아 움직였고, 아리스토텔레스의 글은 논리 정연했으며, 칸트의 글은 어렵긴 해도 뭔가 심오했다. 다른 철학자들도 모두 나름대로의 묵직한 메

시지를 전해주었던 듯하다. 그러나 데카르트의 《성찰》을 처음 접했을 때는 다소 실망했던 기억이 있다. 나중에 다른 고전들을 접하다가 다시 《성찰》을 봤을 때는 이런 글도 고전으로, 그것도 철학의 고전으로 남아 있다는 것이 신기하다는 생각이 들기도 했다. 앞의 저자들에 비하면 데카르트는 어떤 주제에 관해 집필을 했다기보다는 이래저래 생각나는 이야기를 들려주는 듯한 느낌이었고, 각 성찰로 넘어갈 때마다 문체가 다를 뿐 아니라 내용도 어쩐지 이어지지 않는 듯했다.

한동안 여행을 하고 돌아와 다시 《성찰》을 만났을 때 이전에 가졌던 느낌이 모두 나의 선입견과 집중력 부족에서 비롯되었다는 것을 깨달았다. 데카르트는 〈제1성찰〉에서부터 선입견을 버리고 집중해서 따라오라고 수차례 부탁했건만, 나는 《성찰》을 읽는 내내 한 번도 그렇게 하지 못했고, 결국 중도에 포기하고 말았던 것이다. 이 또한 우스갯소리처럼 들리겠지만, 뒤집어서 생각해보면 다른 사람의 말을 귀 기울여 듣고 선입견 없이 받아들이는 것은 정말 어려운 일이다.

370년 전 《성찰》은 지금보다 훨씬 더 어려운 책이었을 것이다. 내용이 어렵다기보다는 불경스러워서 읽는 사람들이 때로는 기가 차고 때로는 읽는 것만으로도 벌을 받지 않을까 두려웠을 것이기 때문이다. 그럴 법도 한 것이, 유럽은 중세 천 년 동안 거의 하나의 언어, 하나의 종교로 통일되어 있었으며, 데카르트는 《성찰》을 통해 천 년간의 거의 모든 전통을 단번에 뒤집으려 했던 것이다.

데카르트의 시대는 한마디로 전쟁의 시대였다. 프랑스 종교 내전, 속칭 위그노 전쟁이 마무리될 때쯤 태어나서, 지금까지도 유럽인들이 가장 처참한 전쟁으로 회고하는 30년 전쟁이 종결되고 얼마 지나지 않아 사망했으니, 그 또한 동시대인들처럼 평생을 전장에서 살아야 했다. 물론 철학자로서 그가 마주한 전선은 철학 대 신학, 프로테스탄트 대 가톨릭, 더 좁게는 가톨릭 내부의 개혁주의 대 보수주의로 대립하고 있던 당대의 사상 – 종교적 전선이었다.

이 시대의 교훈은, 이성을 잃은 신앙은 맹신과 광기로 이어지며 맹신과 광기는 마침내 역사를 피로 물들인다는 것이다. 데카르트는 30년 전쟁이 끝나기 전에 이 교훈을 틀림없이 깨달았고, 그러한 역사가 당장 멈추기를, 아니 그것이 어렵다면 이후의 역사에서만이라도 반복되지 않기를 염원했을 것이다. 르네상스나 낭만주의 시대의 천재들처럼 고집불통도 아니었던 데카르트가 사실상 망명에 가까운 방랑 생활을 택하면서까지 자신의 철학을 주장해야 했다면, 이것은 그에게 바로 그러한 염원이 맺혀 있었기 때문일 것이다. 《성찰》은 바로 이러한 염원을 담은 작품이다.

《성찰》로 가는 길

그런데 《성찰》은 "여기서 신의 실존 및 영혼과 신체의 구분이 증명되다"[1]라는 부제에서도 알 수 있듯이, 주제로만 본다면 이전의 형이상학과 거의 다를 바가 없다.《성찰》이 이전의 철학들과 크게 다른 점은 오히려 책의 구성, 문체, 기술 방식 및 철학적 방법론 등에 있다. 이것들을 통해 이전의 형이상학적 주제들은 완전히 다른 내용으로 거듭났으며, 그 이후로는 누구도 그 이전의 철학으로 돌아갈 수 없게 되었다. 데카르트가 철학의 영역에서 어떤 혁명을 일으켰다면, 우선은 확실히 철학적 방법론의 혁명이었다. 그러나 막상 책을 읽자면 내용이 추상적이고 사변적이며 형이상학적이기 때문에 텍스트만으로 이러한 구체적 문맥을 읽어내기란 쉬운 일이 아니다.

이러한 데카르트의 염원과 방법론이 지니는 역사-철학적 의미가 잘 드러나려면 이러한 점들에 초점을 맞추어 데카르트의 삶과 시대, 사상을 전반적으로 재조명하는 안내서가 필요하다고 생각했고, 번역 과정에서 이 책의 해제가 이러한 안내서가 되었으면 하는 욕심도 생겼다. 그렇다 보니 본문 번역만큼이나 해제 구성에도 공을 들이게 되었다. 〈해제〉는 다섯 개의 절로 구성되었으나, 내용상으로 보아 크게 세 부분이다. 첫 번째 부분은 세계사를 지도 삼아 르네 데카르트라는 한 인물을 찾아 떠나는 일종의 여행 안내서이다. 종교 개혁에서 출발해 르네상스와 과학 혁명, 프랑스 내전과 30년 전쟁을 거치는 동안 독자는 의외의 장소에서 문득 데카르트를 만나게 될 것이고, 흥미진진한 에피소드와 함께 그의 저술을 접하게 될 것이다. 두 번째 부분에서는 《성찰》의 내용을 여섯 개의 성찰별로 정리한 뒤 그의 철학이 도대체 어떤 의미에서 '새로운 철학'이었는지를 주제별로 정리해보았다. 세 번째 부분에서는 데카르트가 유럽의 철학사에 미친 영향 관계를 당대로부터 20세기에 이르기까지 주요 철학자별로 짚어보았고, 국내외의 최근 연구 동향에 관해서도 아주 간략히 보고했다. 마지막에는 오늘 우리가 《성찰》을 읽는 이유에 대해서 간단히 적어보았다.

혹시 데카르트를, 혹은 데카르트의 《성찰》을 처음 접하는 독자라면, 곧장 본문으로 들어가는 것도 좋겠지만, 이에 앞서 해제를 따라 그의 시대와 사상 전반에 한번 익숙해져보기를 권하고 싶다. 어디에서 시작할지 결정하는 것은 물론 독자의 몫이다.

《성찰》 한글 번역의 짧은 역사

유럽의 철학은 유길준이 《서유견문》(1895)에서 소크라테스, 플라톤, 아리스토텔레스, 베이컨, 헤겔 등의 이름을 열거하면서 처음 조선에 소개되었다. 이어 장지연은 《만국사물기원역사》(1909)에서 소크라테스 이전의 철학자들과 데카르트, 칸트, 피히테, 셸링 등의 근대 철학자를 소개했다. 이수광이 《지봉유설》로 가톨릭의 교리와 교황을 소개한 것이 이미

1614년이니, 일부 지식인들은 중국을 통해서든 일본을 통해서든 유길준과 장지연의 소개 이전에 이미 유럽의 철학을 접했을 공산이 크다. 만해 한용운은 《조선불교유신론》(1913)에서 데카르트의 자아관을 상세히 비판하고 있으니, 집필 기간을 고려한다면 만해의 데카르트 연구는 시간상으로 보나 내용상으로 보나 장지연의 데카르트 소개를 앞서고 있다. 실제로 만해는 1908년 일본 동경의 조동종 대학(현 고마자와 대학)에서 서양 철학을 수강했고, 그 이전에도 개화파의 스승 량치차오梁啓超의 저술을 통해서 서양 사상을 알고 있었다.

그러나 데카르트의 저술이 한글로 번역된 것은 20세기 중반에 이르러서이다. 더 많은 연구가 필요하겠지만, 일단은 1948년에 출간된 고 박홍규 교수의 《방법론서설》이 최초의 번역으로 추정된다.[2] 《성찰》은 1970년에 고 최명관 교수에 의해 처음 번역된 것으로 추정되며, 이것은 《방법서설》과 함께 훈복문화사에서 간행된 《데까르뜨 선집 1》에 수록되었다. 이 책의 서문에서 옮긴이가 "데까르뜨는 우리에게 매우 중요한 사상가이건만, 그의 저서가 거의 우리말로 나와 있지 않은 형편"이라며 애석해한 것으로 미루어, 이때만 해도 데카르트의 한글 번역은 확실히 드물었던 모양이다. 이 선집 이후로는 여러 옮긴이에 의해 여러 종의 《성찰》이 출판되었지만, 옮긴이의 전공이 불분명하거나 번역 대본을 밝히지 않은 (아마도 일본어 중역본인) 경우가 대부분이었다.[3]

13년 뒤인 1983년에는 이 선집의 개정판에 가까운 번역본이 다시 고 최명관 교수의 손을 거쳐 출판되었다.[4] 앞의 선집이든 이 개정판이든 옮긴이는 프랑스어본을 번역 대본으로 삼았던 것으로 추정된다. 적어도 일본어본을 거쳐 중역하지 않았음은 확실하다. 개정판의 머리말에서 옮긴이는 앞의 선집에서는 문장 부호까지 원서를 따르다 보니 세미콜론(;)을 많이 썼다고 회고하고 있으며, 또 번역어에 관해 언급할 때는 프랑스어를 원어로서 제시하고 있기 때문이다. 비록 라틴어 원전 번역은 아니었지만, 이 개정판의 옮긴이가 "《방법서설》과 《성찰》을 충실히 우리말에 옮기려고 노력"한 덕분에 다른 중역본과는 확연히 다른 한글 번역본이 독자들에게 선을 보일 수 있었다.

　14년 뒤인 1997년에는 데카르트의 형이상학 관련 저작들과 방법 관련 저작들이 각각 하나로 묶여 두 권의 선집 형태로 출판되었다.[5] 이현복 교수가 옮긴 이 두 권의 번역본은 국내 최초의 라틴어 직역본이자 풍부한 주석이 달린 최초의 학술적 비평본이었다. 이를 계기로 데카르트에 관한 국내 연구가 한층 더 심화되고, 나아가 유럽의 근대 철학 전반에 관한 연구와 관심이 활기를 띠게 되었기 때문에 이 번역본들은 여러모로 기념비적인 작품으로 평가받는다.

새 번역《성찰》에 관하여

다시 14년이 지나《성찰》의 새 번역인 이 책이 세상에 나오게 되었다. 이 번역에서는 라틴어 직역을 원칙으로 하되 번역본을 참고할 때는 가장 먼저 앞의 두 한글본(1983, 1997)을 참고했고, 다음으로는 데카르트가 직접 감수·교정한 프랑스어본을 참고했으며, 그 외에 독일어본과 영어본도 참고했다. 외국어 번역본들을 특별히 참고한 경우에는 그때그때 주를 달아 그 점을 밝혔다. 번역 과정에서 어떤 부분은 두 한글본에 조금 수정을 가하는 것에 그쳤지만, 어떤 부분은 완전히 새로 번역했다.

그러나 이러한 개정이나 개역이《성찰》의 번역사에서 차지하는 두 번역본의 위치를 손상시킬 수는 없다. 두 번역서는 두말할 나위 없이 훌륭한 번역이다. 그러니 왜 새로운 번역서를 내놓겠다고 결심했는지에 대한 약간의 변명을 늘어놓아야 할 듯하다. 가장 큰 이유는 기존 번역서들을 읽다 보면 논증 구조가 눈에 잘 들어오지 않는 경우가 종종 있다는 것이다. 예컨대 기존 번역서에서는 '왜냐하면~때문이다'와 같은 원인문이 상당히 자주, 아니 거의 한 문단에 한 번 이상씩 등장한다. 그런데 이런 대목들을 곰곰이 들여다보고 있자면, 종종 왜 이 문장이 앞의 문장과 '왜냐하면'으로 연결되는지, 즉 두 문장 사이에 어떤 인과 관계가 성립되는지 파악하기 어려울 때가 있다. 게다가 이 원인문 자체가 복문으로 구성되어 있거나, 뒤 문장까지 쉼표로 연결되어 있거나, 기타 등등의 형태로 복잡하게 구성되어 있는 경우에는, 도대체 어디부터 어디까지가 원인을 제시하는 부분인지조차 헷갈린다.

원문을 대조해보면 이러한 경우들은 대개 라틴어 nam, enim 등을 원인문으로 번역한 예이다. 물론 nam과 enim은 앞 문장의 정당화를 위해 사용하는 접속사이지만, 결정적 원인이나 근거를 제시함으로써 앞 문장을 정당화하기보다는, 주로 앞 문장을 강조하거나 부연 설명을 함으로써 정당화하는 데에 사용된다. 경우에 따라 nam은 '예컨대'로 쓰이기까지 한다. 한편 데카르트는 원인문을 끌어올 때 확실히 cum, quia, quod 등의 접속사를 사용하고 있기 때문에 앞의 것들까지 원인문으로 강하게 번역하는 것은 다소 무리가 있다. 그래서 앞의 것들의 경우는 대개 '다시 말해', '(자세히) 말하자면'이나 '예컨대'로 옮겼고, 문맥이 자연스럽게 흐르는 경우에는 아예 생략하기도 했다. 이 과정에서 일부 원인문에 더 가까운 것들이 희석되어 평이하게 기술되는 개악이 있었다면, 이 점의 개선은 다시 미래의 어느 개정판에 맡기는 수밖에 없을 듯하다.

나아가 학술 용어로서 거의 굳어지다시피 한 몇몇 단어들, 예컨대 마음의 눈이 맑고 또렷하게 보는 것을 의미하는 '명석·판명', 어떤 것이 공간상에 펼쳐져 있음을 뜻하는 '연장'

등이 조금 더 편안한 말들로 옮겨졌다. 이외에도 여러 가지 새로운 시도들이 있으며, 그런 경우에는 가능한 한 주석을 달아 번역의 근거를 밝혔다.

운이 좋다면 이러한 시도는 독자들이 철학 용어들을 이해하는 데 도움을 주고 오랫동안 학술 용어로 대접받지 못한 한글을 더 맑고 또렷하게 닦는 데 보탬이 될 수도 있겠다. 운이 좋지 않다면 하나의 시도로서 남을 것이니 이 또한 나쁘지 않겠다. 이 번역서가 독자들을 만나기까지는 헤아릴 수 없이 많은 분들의 도움이 있었다. 이 책에 조금이라도 미덕이 있다면, 그것은 남김없이 그분들의 덕분이다.

인문학교육연구소에서
옮긴이 양진호

가장 학식 있고 이름 높은,   1
신성한 파리 신학부7의 학장 및 박사들에게
르네 데카르트가 안부를 전합니다

　나는 당연히 여러분에게 이 책을 헌정해야 하며, 나의 집
필 의도를 이해한 뒤에는 여러분도 당연히 이 책을 옹호하게
되리라 믿습니다. 그러자면 여기서는 다른 무엇보다 내가 이
책에서 무엇을 추구했는지 간단히 이야기하는 것이 좋을 듯
합니다.
　언제나 생각하고 있던 것이지만, 신과 영혼에 관한 물음
은 신학보다는 오히려 철학의 도움으로 증명되어야 할 것들
가운데 가장 중요한 두 가지입니다. 다시 말해 우리 믿는 자
들에게는 인간 영혼은 신체와 더불어 소멸되지 않는다는 것   2
과 신은 실존한다는 것을 신앙으로써 믿는 것으로 충분합니
다만, 확신컨대 믿지 않는 자들에게는 먼저 이 두 가지가 자

연적 근거에 따라 증명되지 않으면 알다시피 종교는 고사하고 어떤 도덕적 탁월함도 설득되지 않습니다. 또 우리네 삶에서 대개는 탁월한 자들보다 비루한 자들에게 더 큰 포상이 주어지기 때문에, 그나마 사람들이 신을 두려워하지 않았고 저세상 삶을 바라지도 않았다면, 실용적인 것에 앞서 의로운 것을 구하는 자들은 하마터면 거의 없어질 뻔했던 것입니다. 또 '신이 실존한다는 것은 믿을 수밖에 없다. 왜냐하면 《성서Sacra Scriptura》가 이를 가르치고 있기 때문이다', 또 거꾸로 뒤집어서 '《성서》는 참되다고 믿을 수밖에 없다. 왜냐하면 이것은 신으로부터 얻은 것이기 때문이다' 하는 말들은 전적으로 옳습니다. 물론 신앙은 신의 선물이기 때문에, 신은 그 밖의 것들을 믿게 하는 은총을 선사한 자로서 자신의 실존을 믿게 하는 은총 또한 선사할 수 있습니다. 그러나 아무리 옳은 말들이라 하더라도, 이런 것을 믿지 않는 자들에게 내놓을 수는 없습니다. 왜냐하면 그들은 이것을 순환논증으로 판단하고 있기 때문입니다. 물론 나는 알고 있습니다. 여러분과 다른 신학자들 모두는 신의 실존이 자연적 근거에 따라 증명된다고 단언합니다. 그뿐만 아니라 신의 실존이 피조물들에 관한 수많은 인식보다 훨씬 더 쉽게 얻어지며 그렇게 쉬운 것을 얻지 못한 사람은 단죄받아 마땅하다는 것이 《성서》로부터 추론된다고 또한 단언합니다. 이것은 〈지혜서〉 제13장에서 잘 드러납니다. "그들은 용서받을 수 없다. 만일 그들이 세계를 헤아릴 만큼 많은 것을 알 수 있었다면, 어찌 그것의 주인을 쉽게 발견하지 못했을꼬?[8] 또 〈로마인들에게 보낸 편지〉 제1장에는, 그들이 "무슨 핑계를 대겠습니까?"라고 돼 있습니다. 또한 같은 장에서 "신에 관하여 알려지는 것은 저들에게 명백히 밝혀져 있다"[9]라는 구절은 보다시피 신에 대해 알 수 있는 모든 것은 오로지 우리 정신으로부터 추적된 근거들에 따라 제시될 수 있다는 점을 일깨우고 있습니다. 그래서 이것이 어찌 그러한지, 또 신은 어떤 식으로 피조물보다 더 쉽고 확실하게 인식되는지를 탐구하는 것은 남의일이 아니라고 생각했습니다.

또 영혼에 관해 말하자면, 많은 사람들이 영혼의 본성은 3 쉽게 탐구되지 않는다고 판단했고, 심지어 몇몇 사람들은 인간의 [이성적] 추론은 영혼이 신체와 더불어 소멸됨을 확신시키며 오직 신앙에 의해서만 그 반대가 주장된다고 감히 말하기도 했습니다. 그렇지만 레오 10세가 주재한 라테라노 공의회는 제8회기에서 이러한 견해를 단죄하고 있으며[10], 또 그리스도교 철학자들에게 이런 사람의 주장을 논파하고 전력을 다해 진리를 증명하라고 명시적으로 명령하고 있기 때문에, 나 또한 이 명을 수행하는 데에 주저하지 않았습니다.

게다가 알다시피 신이 실존한다는 것, 인간 영혼이 신체와 전혀 다르다는 것을 증명할 수 있었던 사람이 지금까지 아무도 없었다는 바로 그 이유로 이 두 가지는 믿을 수 없다고 말하는 불경한 자들도 많이 있습니다. 물론 나는 이들에게 전혀 동의하지 않습니다. 오히려 위대한 사람들이 이 두 문제와 연관해서 제시한 거의 모든 근거들은 제대로 이해되기만 하면 증명력을 지닐 수 있다고 생각하며, 또 아직도 누군가 떠올리지 않은 어떤 근거가 남아 있다고 확신하기는 어려울 것입니다. 그렇지만 이 근거들 가운데서 가장 좋은 것을 면밀히 찾아내어, 앞으로는 모든 사람들이 이것이야말로 참된 논증이다 하고 인정할 만큼 정확하고 분명하게 설명해놓는다면, 철학에서 이보다 더 큰 소득은 없을 것입니다. 그리고 끝으로, 내가 온갖 학문의 난제들을 해소하기 위한 어떤 방법을 진보시켰다는 것이 몇몇 사람들에게 알려졌던 모양입니다. 물론 이 방법은 새롭지 않습니다. 진리보다 오래된 것은 없으니 말입니다. 그러나 그들은 내가 이 방법을 자주 다른 분야에 사용해서 좋은 성과를 거둔 것을 보았고, 이 때문에 제게 이 〔신과 영혼의 문제를 해결하는〕 일을 강하게 요청했습니다. 그리하여 이 문제에 관해 몇 가지를 시도해보는 것이 내 의무라고 생각했던 것입니다.

4   내가 제시할 수 있었던 모든 것이 이 논고 안에 들어 있습니다. 이 문제를 증명하는 데에 관계있을 법한 모든 다양한 논거들을 그러모으려 하지는 않았습니다. 충분히 확실한 논거가 없는 경우라면 이런 일이 필요하겠지요. 오히려 나는 제일의 주요 근거들만을 따라갔으며, 그 결과 이제 이것들이

가장 확실하고 명백한 증명이라고 감히 주장합니다. 또 이보다 더 좋은 근거들을 발견할 수 있는 길은 인간 정신에 열려 있지 않다는 말도 덧붙이고 싶습니다. 말하자면 근거의 필연성은 물론, 이 모든 문제들이 관계되어 있는 신의 영광이, 내가 내 성과에 관해 평소의 내 습관보다 더 자유롭게 말하라고 강요하는 것입니다. 그러나 아무리 이것들이 확실하고 명백한 논거들이라 믿는다 하더라도, 나는 이 때문에 이것들이 모든 두뇌에 안성맞춤일 것이라고는 확신하지 않습니다. 이는 기하학의 경우에도 마찬가지입니다. 예컨대 아르키메데스, 아폴로니오스, 파포스 및 다른 사람들이 많은 것들을 기록해놓았으며, 이것들을 따로따로 떼어놓고 보면 쉽게 인식되지 않는 것이 없고, 또 그 안에서 전제와 귀결이 정확하게 연결되지 않은 것 또한 없기 때문에, 모든 사람들이 이것들을 명백하고 확실하다고 간주합니다. 그러나 아무리 그렇다 하더라도 이것들은 제법 길고 또 고도의 집중을 요구하기 때문에, 오직 소수의 사람들만이 이해할 수 있습니다. 내가 여기서 사용하는 논증도 기하학의 것들과 똑같습니다. 아니, 그 이상입니다만, 아무리 그렇다 하더라도 많은 사람들에게 충분히 파악될 성싶지는 않습니다. 왜냐하면 내 논증은 한편으로는 제법 긴데다가 서로서로 의존해 있기 때문이고, 다른 한편으로는 무엇보다 선입견으로부터 해방되어 있고 감각과의 결속을 쉽게 끊어버릴 수 있는 정신을 요구하기 때문

입니다. 세상에는 형이상학 연구에 적합한 사람이 기하학 연
5 구에 적합한 사람보다 많지 않다는 것 또한 사실입니다. 그
밖에도 철학과 기하학에는 이러한 차이가 있습니다. 기하학
의 경우, 확실한 증명만이 글로 남겨지곤 한다고 누구나 믿
고 있기 때문에, 문외한들은 거짓된 증명을 이해하는 척하면
서 이를 인정해버리곤 합니다. 그들에게서 이런 실수는 참된
증명을 거부하는 실수보다 더 잦은 편이지요. 그러나 철학의
경우에는 반대로, 무슨 문제든 두 편으로 갈라져 논쟁할 수
있다고 누구나 믿고 있기 때문에, 대부분이 최선의 논증에
과감히 시비를 걸어 천재의 명성을 좇을 뿐, 진리를 탐구하
는 사람은 거의 없습니다.

　　그러나 내 논증이 아무리 명백하고 확실하다 하더라도 그
것은 철학에 속하기 때문에 여러분의 지지가 뒷받침되지 않
는다면 큰 성과를 기대하기가 어렵습니다. 더구나 많은 사람
들이 여러분의 학부에 대해 깊은 존경심을 품고 있고, 또 소
르본이라는 이름은, 신앙 문제에 있어서 신성한 공의회를 제
외한다면 여러분보다 더 높은 신뢰를 받는 기관이 없을 정
도로, 특히 인간의 철학에 있어서도 여러분보다 더 예리하
고 견고하게, 또 공평무사하고 지혜롭게 판단하는 곳이 없다
고 여겨질 정도로 권위가 있습니다. 그런 만큼 믿어 의심치
않습니다만, 혹시라도 여러분이 이 책에 관심을 표명할 뜻이
있다면, 먼저 이 책의 잘못된 점을 고쳐주시기 바랍니다. 나

는 한 인간이며 또한 무지하다는 것을 기억하기 때문에 이 책에 아무 오류도 없다고 장담하지 않습니다. 다음으로, 뭔가 빠져 있거나 다 풀리지 않았거나 더 설명할 것이 있다면, 여러분이 직접 덧붙이고 채우고 밝혀주셨으면 합니다. 아니, 일러만 주시면 내가 직접 하도록 하겠습니다. 마지막으로, 이 책에 담겨 있는 것들, 곧 신이 있다는 것과 정신이 신체와 다르다는 것을 증명하는 논거들이 내가 최대한이라고 인정할 만한 투명성에 도달하고, 그리하여 이를테면 더없이 엄밀한 증명들로서 간주된다면, 그 뒤로는 여러분이 바로 이것을 6 세상에 선언하고 공표해주시기 바랍니다. 이렇게만 된다면, 신과 영혼에 관한 문제에 대해 지금까지 나타난 모든 오류들이 조만간 사람들의 머리에서 사라질 것이라고 나는 믿어 의심치 않습니다. 다시 말해 진리 자체는 재능과 학식을 갖춘 다른 사람들이 여러분의 판결문 아래에 서명하는 일을 순조롭게 만들 것이고, 여러분의 권위는 재능과 학식을 갖추었다기보다는 외곬이기 일쑤인 무신론자들이 외고집을 버리도록 만들 것입니다. 아니 심지어 그들은 이것이 모든 사람들에게 인정되는 증명임을 알고서는 자신들이 이것을 이해하지 못한 것처럼 보일까 봐, 도리어 이를 변호하고 나설지도 모릅니다. 마침내는 다른 모든 사람들도 이런 많은 증거들을 쉽게 믿게 될 것이며, 신의 실존에 대해서든 인간 영혼과 신체의 실재적 구분에 대해서든 한 사람도 의심하지 않게 될 것입니다. 이것이 얼마나 유용한지는, 누구보다 바로 여러분이 여러분 각자의 지혜로써 가장 잘 평가할 수 있습니다. 언제나 가톨릭교회에 가장 든든한 버팀목이 되어온 여러분 앞에서 신과 종교에 관해 더 많은 것을 입에 올린다는 것은 주제넘은 일이 될 것입니다.

독자를 위한 서언

신과 인간 정신에 관한 물음은 이미 1637년 프랑스어로
출판된《자신의 이성을 잘 지도하고 학문에서 진리를 탐구
하기 위한 방법에 관한 서설 *Discours de la méthode pour bien
conduire sa raison et chercher la vérité dans les sciences*》[11]에서 약간
다룬 적이 있다. 물론 나는 거기서 이 물음을 철저히 연구하
려 했던 것이 아니라, 단지 운만 떼어놓고 이 물음을 나중에
어떻게 다루어야 할지 독자의 판단으로부터 배우려 했다. 다
시 말해 나는 이 문제를 한 번이 아니라 여러 차례 다루어야
한다고 판단할 만큼 중요하게 여겼던 것이다. 또 내가 이 문
제를 해명하기 위해 따라간 길은 아무도 지나간 사람이 없으
며, 나아가 이 길은 평범한 관습과는 멀찌감치 떨어져 있어
서, 누구나 접할 수 있도록 프랑스어로 쓰인 책에서 이것을
자세히 논하는 것은 쓸데없는 일이라고 생각했다. 만일 그렇
게 했다면, 아마도 우둔한 정신의 소유자들조차 자신들이 이
길로 접어들어야 한다고 믿게 되었을 것이다.[12]

나는 그 책에서 무언가 반박할 만한 것을 발견한 사람이
있으면 누구든지 지적해달라고 요청한 바 있지만, 두 가지를
제외하고는 이 물음에 관하여 주목할 만한 반론은 없었다.
이 물음을 엄밀하게 해명하는 일에 착수하기 전에, 이 두 반
론에 대해 여기서 짧게 대답하겠다.

8　　첫 번째 반론은 이러하다. '인간 정신은 스스로를 마주하
여 자신이 생각하는 것과 다르지 않다는 점을 지각한다'라는
전제로부터, '정신의 본성 내지 본질은 오직 그것이 생각하는
것이라는 데에만 있다'라는 결론은 도출되지 않는다. 이 '오
직'이라는 말이 영혼의 본성에 속할 법한 다른 모든 것을 배
제하기 때문이다.[13] 이 반론에 대해 나는 다음과 같이 대답
하겠다. 나는 그것을 사물의 진리 그 자체의 순서에 따라서
가 아니라(물론 그때 나는 이것에 관해 다루지 않았다) 오직 내
지각의 순서에 따라서 배제하고자 했으며, 그리하여 내가 내
본질에 속한다고 알고 있는 것은, 나는 생각하는 것 곧 생각
하는 기능을 지닌 것이라는 점 말고는 아무것도 없다는 것을
뜻하고자 했다. 한편, 나는 〔생각하는 것 이외의〕 어떤 다른
것이 내 본질에 속하지 않는다는 것을 인식한다는 전제로부
터 그 어떤 다른 것이 실제로도 내 본질에 속하지 않는다는
결론이 어떻게 도출되는지는 뒤에서 보여주겠다.

둘째 반론은 이러하다. 내가 나보다 더 완전한 사물의 관
념을 내 안에 지니고 있다는 전제로부터는, 이 관념이 나보

다 더 완전하다는 것, 나아가 이 관념을 통해 재현된 것이 실존한다는 결론이 도출되지 않는다. 이에 대해 나는 다음과 같이 대답하겠다. 이때 '관념'이라는 말은 이중적인 의미를 지니고 있다. 다시 말해 우리는 '관념'을 실질적으로materialiter, 곧 지성의 작용으로서 생각할 수 있다(이런 뜻에서는 그 관념이 나보다 더 완전하다고 이야기할 수 없다). 그렇지 않으면 우리는 관념을 대상적으로objective, 즉 지성의 작용에 의해 재현된 것으로서 생각할 수 있다. 이러한 것이 비록 지성 바깥에 실존한다고 가정될 수는 없겠지만, 그러나 그것의 본질이라는 관점에서는 나보다 더 완전할 수 있는 것이다. 한편, 나보다 더 완전한 사물의 관념이 내 안에 있다는 전제로부터 이 사물이 실제로도 실존한다는 결론이 어떻게 도출되는지는 뒤에서 자세히 설명하겠다.

이외에도 나는 충분히 긴 글 두 편을 읽어보았다. 그러나 이것들은 이 문제에 관한 내 근거들이 아니라 내 결론들에 초점을 맞추어 무신론자의 상투적인 구절들에서 빌려온 논 9 증들을 가지고 시비하고 있었다. 이런 식의 논증은 내 근거들을 잘 이해하고 있는 사람 곁에서는 아무런 힘도 얻을 수 없다. 그뿐만 아니라 많은 사람들의 판단력은 약하고 비뚤어져 있어서, 아무리 거짓되고 비이성적인 것이라 하더라도 처음에 들었던 것을 확신하기를 좋아한다. 나중에 아무리 참되고 견고한 반박을 듣는다 해도 소용이 없다. 이 때문에 나는 저 논증에 대해 대답하고 싶지 않다. 대답하려면 내가 우선 그것을 여기에 옮겨놓아야 하니 말이다. 나는 다만 일반적인 관점에서 이것만을 일러두겠다. 신의 실존을 반박하기 위해 무신론자들이 통상 제시하는 모든 근거는, 신에게도 인간의 정념이 있다는 것, 아니면 우리 정신에는 신이 할 수 있는 바와 해야 할 바를 완전히 인식하고 규정하려는 힘과 지혜가 있다는 것, 이 둘 중 하나에 의존한다. 그러므로 우리가 우리 정신은 유한한 것으로서, 반면에 신은 파악될 수 없는 무한한 것으로서 간주되어야 한다는 점을 염두에 둔다면, 저들의 어떤 근거도 우리에게 난점을 제공하지는 못할 것이다.

나아가 기왕 어찌어찌하여 사람들의 의견을 알게 되었으니, 이제 여기서 신과 인간 정신에 관한 물음과 더불어 제일 철학 전체의 출발점을 다루는 일에 착수하고자 한다. 그러나 그런 만큼 대중의 갈채나 두터운 독자층을 기대하지는 않는다. 나는 다만 진심으로 나와 더불어 성찰하며, 자신의 정신을 감각으로부터, 모든 선입견으로부터 떼어놓을 수 있고 또 떼어놓으려고 하는 사람들을 위해 이 책을 쓰고 있는 것이다. 이런 사람은 알다시피 매우 드물다. 그러나 내가 제시하는 근거들의 순서와 연관 관계를 고려하지 않고, (흔히 그렇듯이) 개개의 어구에 매달려 흠잡는 데만 혈안이 되어 있는 사람들에 관해 말하자면, 이들은 이 책을 읽은 뒤에도 별 소득을 얻지 못할 것이다. 그리고 이들은 아마도 여러 대목에서

트집 잡을 기회를 노리겠지만, 정곡을 찌르거나 대답할 만한 가치가 있는 반박을 제기하기는 쉽지 않을 것이다.

　그러나 나는 이 밖의 다른 사람들에게 모든 점에서 우선적으로 그들을 만족시켜주겠노라고 약속하지도 않으며, 누군가에게 난점으로 다가올 모든 것을 내다볼 수 있다고 믿을 만큼 나 자신을 과신하지도 않기 때문에, 우선은 확실하고 명증적인 진리 인식에 도달했다고 나를 설득한 사유 과정을 이 성찰에서 개진하고, 나를 설득한 근거들이 다른 사람들도 설득할 수 있는지를 살펴볼 것이다. 그런 다음 이 책이 인쇄되기 전에 내가 검토를 의뢰했던, 재능과 학식이 출중한 몇몇 사람들의 반론들에 대해 답할 것이다. 다시 말해 이들이 제기한 반론은 충분히 수도 많고 종류도 각양각색이어서, 적어도 이들이 제기하지 않은 중요한 문제가 다른 사람의 정신에 떠오르는 일을 기대하기는 쉽지 않을 것이다. 그러므로 이들의 반론과 이에 대한 나의 답변을 모두 읽기 전에는 이 책에 대해 그 어떤 판단도 내리지 말기를 독자들에게 거듭 당부하는 바이다.

12   〈제1성찰〉에서는, 어떤 근거가 제시된다. 이 근거에 따라 우리는 모든 것들, 특히 물질적인 것[14]들에 대하여 의심할 수 있다. 물론 우리가 이전에 가지고 있던 것과는 다른 어떤 학문의 토대를 가지고 있지 않을 때까지는 말이다. 이러한 의심의 장점은 당장 눈앞에 드러나는 것은 아니지만 우리를 모든 선입견에서 해방시키고 정신을 감각으로부터 떼어내는 지름길을 열어줄 때 극대화되며, 마지막으로 우리가 나중에 참된 것으로 발견한 것에 대해서는 더 이상 의심할 수 없도록 만든다.

    〈제2성찰〉에서는, 정신이 자기 고유의 자유를 사용하여 어떤 것의 실존을 조금이라도 의심할 수 있을 경우 그러한 모든 것은 실존하지 않는다고 가정하나, 이와 동시에 바로 그 정신이 실존하지 않는 일은 불가능하다는 것을 깨닫게 된다. 이 또한 더없이 유용하다. 왜냐하면 정신은 이런 식으로 무엇이 자기 자신, 곧 지성적 본성에 속하는지, 또 무엇이 몸에

속하는지를 쉽게 구별하기 때문이다. 그러나 아마도 몇몇 사람들은 이곳에서 영혼의 불멸성에 관한 근거들을 기대할 것이다. 내 생각에 이들이 주목해야 할 것은, 나는 내가 엄밀하¹³ 게 증명하지 않은 것은 아무것도 써놓지 않으려 했고, 그리하여 기하학자들 편에서 통용되는 순서 말고는 다른 어떤 것도 따를 수 없었다는 점이다. 말하자면 나는 묻고 있는 명제에 관해 결론을 내리기 전에, 언제나 먼저 이 명제가 의존하고 있는 모든 전제들을 옮겨놓았던 것이다. 한편, 영혼의 불멸성을 인식하는 데에는 우리가 영혼에 관한 최대한 명백한 개념과 몸에 관한 모든 개념으로부터 뚜렷하게 구분되는 개념을 형성하는 일이 최우선의 과제로서 요구된다. 이것은 여기서 이루어진다. 그 밖에도 우리가 맑고 또렷하게[15] 인식하는 모든 것이 우리가 인식하는 그대로 참임을 아는 것 또한 요구된다. 그러나 이것은 〈제4성찰〉에 앞서 증명될 수 없다. 또 몸의 본성에 관한 또렷한 개념을 얻어야 한다. 이런 개념은 일부는 〈제2성찰〉에서, 일부는 〈제5성찰〉과 〈제6성찰〉에서 형성된다. 나아가 이 모든 것으로부터 귀결되는바, (정신과 몸처럼) 서로 다른 실체들로서 맑고 또렷하게 인식되는 모든 것은 사실상 서로 실재적으로 구분되는 실체들이다. 그리고 이것은 〈제6성찰〉에서 결론 내려진다. 나아가 이 똑같은 결론이 바로 거기서, 몸은 나뉠 수 있는 것으로, 반면에 정신은 나뉠 수 없는 것으로 인식된다는 것으로부터 또한 확인된

다. 다시 말해 아무리 작은 물체라도 그 절반을 생각할 수 있지만 어떤 정신의 절반은 생각할 수 없다. 따라서 정신과 물체의 본성은 그저 서로 다른 것이 아니라 어떤 점에서는 서로 대립된다는 점을 받아들여야 한다. 그런데 나는 이 점에 대해 이 책에서 더 이상 논하지 않았다. 왜냐하면 한편으로는 여기에서 말한 것만으로도 몸의 소멸로부터 영혼의 소멸이 귀결되지 않음이 밝혀지기 때문이고(나아가 이로써 죽음을 눈앞에 두고 있는 사람에게 저세상 삶에 대한 희망을 충분히 줄 수 있기 때문이며), 다른 한편으로는 정신의 불멸성을 결론짓게 하는 전제들이 자연학 전체의 설명에 의존해 있기 때문이기

14 도 하다. 즉 첫째로 모든 실체, 곧 신에 의해 창조되어야만 실존할 수 있는 것들은 그 본성상 소멸될 수 없으며, 신이 이것들에게 자신의 참여를 거절함으로써 이것들을 아무것도 아닌 것으로 만들지 않는 한, 존재하기를 결코 멈출 수도 없다. 다음으로 주목할 것은 다음과 같다. 몸 또한 일반적으로 볼 때 하나의 실체이고, 따라서 결코 소멸되지 않는다. 그러나 인체가 나머지 몸들(=동식물의 몸과 물체 등)과 다르다는 점에서 보자면 인체는 단지 신체 기관들이 이루고 있는 특정 체형 및 이러한 종류의 우연적 속성들로 구성되어 있다. 반면에 인간의 정신은 그렇게 우연적 속성들로 구성되어 있는 것이 아니라 하나의 순수한 실체이다. 다시 말해 정신의 모든 우연적 성질들이 변한다고 해서, 예컨대 다른 것을 인식

하고 다른 것을 의욕하고 다른 것을 감각한다 하더라도, 이 때문에 이 정신이 다른 것으로 변하는 것은 아니다. 그러나 인간의 몸은 그 기관들 가운데 어느 것의 모양새가 바뀌기만 해도 다른 것이 된다. 따라서 신체는 아주 쉽게 소멸되지만 정신은 그 본성상 소멸하지 않는다.

〈제3성찰〉에서는, 신의 실존을 증명하기 위한 나의 주된 논증을 내가 생각하기에는 충분히 자세하게 해명했다. 그럼에도 불구하고 나는 독자들의 마음을 감각으로부터 최대한 떼어놓기 위해서 몸 있는 것[16]들로부터 얻은 비유를 사용하지 않으려 했고, 이 때문에 아마도 많은 것들이 희미하게 남아 있을 것이다. 그러나 이것들은 나중에 〈반론과 답변Objectiones & Responsiones〉[17]에서 말끔히 사라질 것으로 기대한다. 이 가운데 특히, 우리가 지니고 있는 가장 완전한 존재자의 관념은 더없이 큰 대상적 실재성[18]을 포함하고 있어서 가장 완전한 원인으로부터 비롯되지 않을 수 없다, 하는 문제가 희미하게 남아 있을 것이다. 나는 이것을 〈반론과 답변〉에서 기술자의 정신 안에 있는 더없이 완전한 기계의 관념에 비유해 설명한 바 있다. 자세히 말하자면 이 관념이 대상으로서 지니고 있는 내용은 어떤 원인—예컨대, 이 기술자가 지니고 있는 지식이나, 이 기술자에게 이 지식을 제공해준 다른 사람의 지식—에서 비롯된 것이 틀림없듯이, 우리 안에 있 15 는 신의 관념은 신 자신을 그 원인으로 삼지 않을 수 없다.

〈제4성찰〉에서는, 우리가 맑고 또렷하게 인식하는 모든 것은 참이라는 것이 증명되고, 이와 더불어 거짓의 근거가 어디에 존립하는지도 해명된다. 앞의 것들을 확인하고 나머지 것들을 인식하기 위해서 이것은 반드시 알아야 한다. (그러나 주의해야 한다. 나는 거기서 선악을 추구할 때 저지르는 죄나 오류가 아니라, 오로지 참과 거짓을 판별할 때 일어나는 오류에 관해서만 다루었다. 또한 신앙이나 인생살이에 속하는 것이 아니라, 오로지 사변적 진리이자 오직 자연의 빛에 따라서 인식되는 진리만을 고찰했다.)

〈제5성찰〉에서는, 몸의 본성 일반이 해명되며, 나아가 어떤 새로운 근거에 의해 신의 실존이 증명된다. 그러나 여기에 새롭게 등장하는 몇몇 난제들은 나중에 〈반론과 답변〉에서 모두 해소될 것이다. 끝으로 기하학적 증명의 확실성조차도 신의 인식에 의존하고 있다는 것이 어떻게 참인지가 밝혀진다.

〈제6성찰〉에서는 마지막으로, 지성 활동이 상상력과 구별되고, 이 구분의 징표들이 기술되며, 정신이 몸과 실재적으로 구분된다. 그럼에도 불구하고 정신은 몸과 하나를 이루고 있다고 할 만큼 몸에 밀접하게 결합되어 있다는 것이 밝혀진다. 또 감각에서 비롯되곤 하는 모든 오류가 열거되고, 어떻게 이 오류들을 피할 수 있는지가 드러난다. 끝으로, 이러한 물질적인 것들이 실존한다고 결론 내리게 해주는 모든 근거

가 제시된다. 이런 근거는 이것들이 증명하는 바들, 예컨대
세계는 실제로 존재한다든가, 인간은 몸이 있다든가 등을 증
명하는 데에 대단히 유용하다고 내가 생각하는 것은 아니다
(상식이 있는 사람이라면 이런 것들에 관해 결코 진지하게 의심하
지도 않았다). 그러나 이런 근거들을 고찰함으로써 이것들이
우리를 우리 정신과 신의 인식에 이르게 해주는 근거들보다
그다지 견고하거나 투명하지 않다는 사실이 알려지기 때문
에, 따라서 이 근거들이야말로 인간 정신이 알 수 있는 모든
것 가운데 가장 확실하고 가장 명백한 것이다. 나는 이 성찰
들에서 이 한 가지 문제에 대한 증명을 목표로 설정했다. 이
때문에 나는 이 책에서 가끔 다루기도 하는 여러 가지 물음
들을 여기에 나열하지 않는다.

제1성찰

의심할 수 있는
것들에 관하여

벌써 몇 해 전에 나는 깨달았다. 어린 시절 나는 얼마나 많 ¹⁷
은 거짓된 것들을 참되다 여겼던가. 그 뒤로 이것들 위에 세
워 올린 모든 것들은 또한 얼마나 의심스러운가. 그러니 내
가 언젠가 학문에 확고부동한 무언가를 세우고자 열망한다
면, 사는 동안 한번은 모든 것을 뿌리째 뒤집어 최초의 토대
에서 새롭게 시작해야 하리라. 그러나 이 일은 어마어마해
보여서 나는 내가 이 과업을 수행하기에는 그만이다 싶을 만
큼 성숙해질, 그때를 기다렸다. 이 때문에 나는 너무 오랫동
안 이 일을 미루었고, 하마터면 이때를 재느라 실행하라고
남겨진 시간을 모두 흘려보낼 뻔했다. 만일 그랬다면 나는
내내 죄책감 속에서 지냈을 것이다. 이제는 때가 왔다. 오늘
나는 정신을 모든 걱정거리로부터 풀어놓고 나 자신과 차분 ¹⁸
한 한때를 약속한 뒤 홀로 들어앉아 있다. 이제부터 진지하
면서도 자유롭게 내 의견들을 통째로 뒤집는 일에 몰두할 것
이다.

그런데 이를 위해 내가 모든 의견이 거짓되다 증명할 필요는 없을 것이다. 아마 나는 이런 일을 할 수도 없을 것이다. 그러나 완전히 확실치는 않은 견해는 물론이고, 의심스럽지 않은 견해에 동의하는 일까지도, 명확히 거짓된 견해에 동의하는 일 못지않게 엄밀히 삼가야 한다. 이는 지금 이성이 설득하는 바이다. 이 때문에 내가 만일 이것들 각각에서 무언가 의심의 근거를 발견한다면, 그 모두를 버려야 마땅하다. 그렇다고 이것들을 낱낱이 검토해야 하는 것은 아니다. 이는 끝이 없는 일이기 때문이다. 그러나 토대가 무너지면 그 위에 세워 올린 모든 것이 저절로 무너지는 법, 나는 예전에 믿었던 모든 것들이 의존하고 있는 원리 자체로 곧장 나아갈 것이다.

물론 나는 이제껏 내가 가장 참되다 여겨온 모든 것을 한편으로는 감각으로부터, 한편으로는 감각을 거쳐서 받아들였다. 그러나 나는 감각이 가끔씩 속인다[19]는 것을 알아챘다. 게다가 한 번이라도 우리를 속인 것에 대해서는 전적으로 신뢰하지 않는 편이 현명하다.

그러나 공교롭게도, 아무리 감각이 아주 작은 것과 아주 멀리 있는 것에 관해서 가끔 우리를 속인다 하더라도, 똑같은 감각으로부터 얻은 것들이면서도 도저히 의심할 수 없는 것들이 꽤 있다. 예컨대 지금 나는 여기 있다, 난롯가에 앉아 있다, 겨울 외투를 입고 있다, 이 종이를 손으로 쥐고 있다 등

등이 그러하다. 도대체 무슨 근거로 바로 이 손과 이 몸이 내 것이라는 사실을 부인할 수 있다는 말인가? 이를 부인한다면, 나는 아마도 부지불식간에 나 자신을 미치광이들과 같이 취급하는 꼴이 될 것이다. 이들은 검은 담즙[20]에서 올라오는 $\quad$ 19 통제되지 않는 열기가 뇌를 동요시켜서, 자기가 알거지이면서도 임금이라는 둥, 벌거벗었으면서도 비단옷을 걸치고 있다는 둥, 자기네 머리가 사기그릇이라는 둥, 몸뚱이가 통째로 호박이라거나 유리를 불어서 만든 것이라는 둥, 끊임없이 우겨댄다. 그러나 이들은 넋 나간 자들이며, 만일 이 가운데 하나를 표본으로 삼아 흉내 내기만 해도, 나 역시 이들 못지않게 얼빠진 놈으로 보일 것이다.

그렇다. 나는 밤에 자면서 꿈속에서 이 모든 것을, 아니 가끔씩은 저들이 깨어 있을 때 겪는 것보다 더 얼토당토않은 일마저 겪곤 하는, 그런 사람은 아닐지 모른다. 하지만 밤의 안식은 평소처럼 내가 여기 있다, 외투를 입고 난롯가에 앉아 있다며 얼마나 자주 나를 설득하는가―나는 외투를 벗고 침대에 누워 있건만! 그러나 지금 나는 확실히 깨어 있는 눈으로 이 종이를 보고 있다. 머리를 움직여보니 나는 잠들어 있지 않다. 손을 의도적으로, 의식적으로 펴면서 느낀다. 이런 것들이 잠들어 있을 때는 이토록 또렷하지 않았던 듯하다. 하지만 나는 언젠가 꿈속에서 이와 비슷한 생각들을 하다가 속았던 일을 또한 기억하지 않는가. 이런 점들을 한동안 더 곰곰이 생각하다가, 깨어 있음과 꿈꾸고 있음을 가를 수 있는 어떤 징표도 없다는 사실을 확실히 깨닫고서 나는 얼떨떨해졌고, 이제는 내가 꿈결에 생각하고 있다고 확신할 지경이다.

그래, 꿈꾸고 있다고 치자. 또 우리가 눈을 뜬다, 머리를 움직인다, 손을 편다, 하는 이 낱낱의 것들은 참된 것들이 아니라고 치자. 어쩌면 그런 손도 그런 온몸도 지니고 있지 않다고 치자. 그럼에도 불구하고 잠든 동안 보이는 것은 실제 사물의 닮은꼴로만 만들어지는 이를테면 일종의 베낀 그림이다.[21] 그러므로 눈, 머리, 손 및 온몸과 같은 일반적인 것들만큼은 어떤 상상된 것들이 아니며, 참으로 실존한다. 정말이지 화가들조차도 세이렌이나 사티로스를 더없이 이상한 꼴로 지어내려 애쓰지만, 모든 점에서 새로운 본성들을 이것들에게 지어주지는 못하고, 그저 갖가지 동물들의 팔다리와 몸통을 뒤섞어놓는 데에 그치고 마는 것이다. 아무리 이들이 비슷한 것은 본 적도 없을 만큼 무언가 새로운 것을 생각해낸다 하더라도, 그리하여 그것이 아예 지어낸 것이고 거짓된 것이라 하더라도, 그들이 거기에 입혀놓은 빛깔들만큼은 참됨이 틀림없다. 이러한 까닭에 우리는 다음과 같은 점을 받아들여야 한다. 아무리 이러한 일반적인 것들, 곧 눈, 머리, 손 및 이와 비슷한 것들까지 상상된 것들이라 할지라도, 다른 더 단순하고 보편적인 것들은 참된 것임이 확실하다. 이러한 참된 것들, 이를테면 빛깔들을 가지고 우리는 생각 속에 있는 모든 사물의 그림들을, 이것들이 참이든 거짓이든, 지어내는 것이다.

이러한 종류에 속한다고 생각되는 것은 물체의 본성 일반 및 이것의 '[공간적인] 펼침extensio'[22]이며 또한 펼쳐진 사물들의 모양과 양, 곧 이것들의 크기와 수, 그리고 이것들이 실존하는 장소와 지속하는 시간 등이다.

그러니 이로부터 다음과 같이 결론을 내려도 나쁘지 않을 것이다. 합성된 것들을 고찰하는 데에 매달리는 자연학, 천문학, 의학 및 기타 모든 학문들은 아닌 게 아니라 의심스럽다. 그러나 대수학, 기하학, 기타 극히 단순하고 일반적인 것들만을 다루는데다가 이런 것들이 자연계에 있는지 없는지를 문제 삼지 않는 학문들은 확실하고도 의심할 수 없는 무언가를 담고 있다. 예컨대 깨어 있든 잠들어 있든 둘과 셋이 합하면 다섯이다, 사각형은 더도 아닌 네 변만을 가진다 등. 이렇게 명백한 진리들이 거짓의 의혹에 빠지는 일은 보다시피 일어날 수조차 없다.

그건 그렇다 하더라도, 내 정신에는 오래된 견해가 하나 21 박혀 있다. 모든 것을 할 수 있고 나를 지금 실존하는 그대로 창조한 신이 있다는 것이다. 그러나 어떻게 알겠는가? 사실은 땅도 없고, 하늘도 없고, 펼쳐진 사물도, 모양도, 크기도, 장소도 없는데, 그가 내게는 이 모든 것이 바로 지금과 같이 실존하는 양 보이도록 만들어놓았을지. 아니다. 판단컨대 남들은 가끔씩 자신이 완벽하게 알고 있다고 믿을 때 잘못을 저지른다. 누가 알겠는가? 나도 이렇게 둘과 셋을 더하거나 사각형의 변을 셀 때마다 잘못하도록 그가 만들어놓았을지. 아니 이보다 더 쉬운 일도 떠올릴 수 있지 않은가? 그러나 신은 아마도 내가 속임당하기를 바라지 않을 것이다. 그는 가장 선하다고들 하니 말이다. 그러나 만일 내가 항상 잘못하도록 창조되었다는 것이 그의 선함에 어긋난다면, 이 때문에 내가 가끔 잘못하는 것을 허용하는 일 역시 그의 선함에 반대되는 것처럼 보일 것이다. 그렇지만 우리는 이 뒤의 것을 주장할 수 없다.

그런데 모든 것이 불확실하다는 것을 믿으니, 차라리 어떤 신이 그런 능력을 지녔다는 것을 기꺼이 부정하는 사람들도 아마 없지는 않을 것이다. 이들과 말다툼할 바에야 차라리 신에 관한 이 모든 이야기가 꾸며낸 것임을 받아들이자. 게다가 이들은 운명에 따라, 우연에 따라, 사건의 연쇄에 따라, 아니면 그 어떤 다른 방식으로 내가 지금의 나로 되었다고 가정한다. 속거나 오류에 빠지는 것은 알다시피 일종의 불완전성이기 때문에, 이들이 내 근본을 지은 이의 능력을 적게 평가할수록 나는 그만큼 더 불완전해지고, 결국 나는 언제나 잘못하게 마련이라는 것이다. 나로서는 이런 논증에 대꾸할 것이 없다. 그러나 나는 고백하지 않을 수 없다. 예전에 내가 참되다 믿었던 것들 가운데 의심이 허용되지 않는 것은 아무 것도 없다. 이는 내가 생각 없이 경솔하게 하는 말이 아니라, 성찰을 거친 타당한 근거들에 따라 하는 말이다. 그러니 무언가 확실한 것을 발견하길 원한다면, 앞으로는 이런 논증에 대해서는 명백히 잘못된 논증에 대해서와 마찬가지로 동의 22 하는 일에 주의를 기울여야 할 것이다.

그러나 이것들을 주목했다는 사실에 만족할 것이 아니라, 기억하도록 애써야 한다. 다시 말해 해묵은 의견들은 마치 오래된 습관과 관습처럼 들러붙듯 돌아와서는, 본의 아니게 쉽사리 믿고 마는 내 마음을 점령한다. 그리고 이러한 것들이 정말 있는 그대로라고 여기는 한, 즉 방금 말한 것처럼 조금 의심스럽기는 하나 적잖이 그럴듯하여 이것들을 부정하기보다는 믿는 편이 훨씬 더 합당하다고 여기는 한, 나는 결코 이것들에 동의하고 이것들을 신뢰하는 일을 그만두지 못할 것이다. 그러니 의지를 정반대로 돌려 나 자신을 속이고, 당분간 이것들이 모두 거짓되고 상상된 것이라고 꾸며내 보자. 양쪽 선입견이 평형을 이루었을 때처럼, 다시는 못된 습관이 내 판단이 사물을 올바로 지각하지 못하게 방해하는 일이 없을 때까지. 알다시피 이 때문에 당분간 어떠한 위험이나 오류가 발생하지는 않을 것이고, 내가 이 이상의 불신에 탐닉하는 일은 있을 수도 없다. 지금 나는 행위의 문제가 아니라 오로지 인식의 문제에 열중하고 있으니 말이다.

이제 나는 나를 속이기 위해 온 힘을 다했던 자가 가장 선한 신, 진리의 원천이 아니라, 사특한 정령, 더없이 유능하고 교활한 자라고 가정하리라. 하늘, 공기, 땅, 빛깔, 모양, 소리 및 모든 외적인 것은 그가 나의 믿기 쉬운 마음을 함정에 빠뜨리기 위해 준비한, 꿈이라는 속임수일 뿐이라고 생각하리라. 나는 손, 눈, 살, 피, 어떤 감각 기관을 지니고 있는 것이 아니라, 그저 내가 이 모든 것을 지니고 있다는 그릇된 의견을 가지고 있다고 여기리라. 이런 성찰에 고집스레 붙박여 있으리라. 이렇게 하면 무언가 참된 것을 인식하는 것은 내 능력 밖의 일일지 몰라도, 거짓된 것에는 동의하지 않는 것과 제아무리 유능하고 교활한 사기꾼이라도 내게 어떤 것도 강요하지 못하도록 불굴의 정신으로써 주의하는 것은 확실히 내 소관이다. 그러나 이것은 힘이 드는 계획이다. 또 어떤 나른함이 나를 일상의 삶으로 되돌려놓는다. 나는 포로와 다르지 않다. 꿈속에서 상상의 자유를 만끽하고 있다가, 나중에는 내가 꿈을 꾸는 것은 아닐까 의심하고는 이내 깨어나기를 두려워하며 그 매혹적인 환상을 좇아 서서히 눈이 멀어가는 포로처럼, 나는 홀로 옛 생각에 돌아들어 잠에서 깨어나기를 두려워한다. 안락한 휴식 뒤에 수고로운 각성이 이어지면, 혹시 빛 속에서가 아니라 방금 말한 난제들이 뒤얽혀 있는 암흑 속에서 내내 지내야 하는 것은 아닐까 하며.

인간 정신의
본성에 관하여

정신은 신체보다 더 잘 알려진다

어제의 성찰 덕에 나는 더 이상 잊을 수 없을 만큼 엄청난 의심 속에 빠져 있다. 그렇다고 어떻게 벗어나야 할지 아는 것도 아니다. 그렇기는커녕 혼란스럽기만 하다. 이를테면 갑 24 자기 깊은 소용돌이에 휘말려서 바닥에 발이 닿지도 않고 수면 위로 헤엄쳐 오를 수도 없는 상황이다. 하지만 힘을 내어 어제 들어선 길로 다시 나아가리라. 조금이라도 의심의 여지가 있는 것은 마치 확실히 거짓된 것으로 경험한 양 모두 제쳐놓자. 무언가 확실한 것을 만날 때까지, 아니, 다른 것은 몰라도 확실한 것은 아무것도 없다는 것만큼은 확실하게 인식할 때까지 계속 나아가자. 아르키메데스는 지구 전체의 위치를 옮기기 위해 확고부동한 점 하나를 찾고자 했다. 아무리 작은 것이라도 확실하고 흔들리지 않는 어떤 것을 발견한다면 나 역시 큰일을 낼 수 있지 않겠나.

이제 내가 보는 모든 것을 거짓으로 가정하자. 위조된 기억이 재현하는 것들 가운데 어떤 것도 결코 실존한 적이 없

다고 믿자. 나는 아무런 감관도 지니고 있지 않으니, 몸cor-
pus[23]이니 모양이니, 펼침, 운동, 장소는 키메라[같이 실존하
지 않는 것]이다. 그러면 무엇이 참된 것일까? 아마도 이 한
가지. 확실한 것은 아무것도 없다는 것.

   그렇다면 방금 늘어놓은 모든 것의 반대, 그러니까 의심할
틈을 조금도 허락하지 않는 것은 아무것도 없다고 하는 것을
나는 누구를 통해 알고 있는 것인가? 어떤 신이, 뭐 이름이
야 어찌 되었든 그가 바로 이것을 내게 심어놓은 것일까? 과
연 그런 까닭에 내가 이것을 생각하는 것인가? 혹시 내가 이
러한 생각을 지은 이라면? 만일 그렇다면 나는 적어도 그 무
엇이 아닌가? 그러나 나는 이미 내게 어떤 감관이나 몸이 있
25 음을 부정했다. 하지만 나는 멈칫한다. 그래서 도대체 어떻
다는 말인가? 나는 몸과 감관들에 결합되어 있으니 이것들
없이 나는 존재할 수 없다? 그러나 나는 세계에 아무것도 없
다고, 하늘도, 땅도, 정신도, 물체도 없다고 나 자신을 설득
했다. 그렇다면 나는 나 자신도 없다고 설득한 것일까? 아니
다. 오히려 내가 무언가를 나 자신에게 설득했다면, 나는 확
실히 있다. 그러나 누구인지는 몰라도 의도적으로 항상 나를
속이는, 대단히 능력 있고 아주 교활한 사기꾼이 있다. 이제
는 그가 나를 속인다 하더라도 나 또한 의심의 여지 없이 있
다. 실컷 속인다 하더라도, 내가 나는 무엇이다, 하고 생각하
는 한, 그는 결코 나를 아무것도 아닌 것으로 만들 수 없을 것

이다. 그리하여 나는 모든 것을 대단히 충분히 숙고한 뒤 마침내 이러한 공리를 확립할 수밖에 없다. '나는 있다, 나는 실존한다'는 내가 소리 내어 말하든 정신으로 파악하든 언제든지 피할 수 없이necessario 참이다.

그러나 이제는 저 있을 수밖에 없는 나가 도대체 누구인지, 나는 아직도 충분히 알지 못한다. 그러니 혹시라도 엉겁결에 다른 어떤 것을 내 자리에 가져다놓지 않도록, 그래서 내가 모든 것 가운데 가장 확실하고 명백한 것이라고 주장하는 이 인식 역시 놓치지 않도록 조심해야 한다. 그러니 이제는 내가 이러한 인식들에 이르기 전에는 과연 나를 무엇이라 믿었는지를 다시 성찰하자. 그다음 여기에서 앞서 말한 근거에 의해 조금이라도 흔들릴 수 있는 모든 것을 떼어버리고 나면, 마지막에는 확실하고 흔들리지 않는 것만이 온전하게 남을 것이다.

그렇다면 나는 이전에 나를 도대체 무엇이라고 생각했던가? 물론 인간이라고 생각했다. 그러면 인간이란 무엇인가? '이성적 동물'이라고 말하면 되는가? 그렇지 않다. 그런 뒤에는 '동물'은 대체 무엇인가, '이성적'이라는 것은 무엇인가를 물어야 하고, 그리하여 한 문제에서 더 많고 더 어려운 문제들로 빠져들기 때문이다. 게다가 내게는 그 점에 관해 이런 식의 세세한 문제들 속에서 기꺼이 시간을 보낼 만큼 여유가 있는 것도 아니다. 오히려 여기서 내가 주목해야 할 것은 예

26 전에 내가 무엇인지 고찰할 때마다 무엇이 저절로 그리고 자
연의 안내에 따라 내 생각 속에 떠오르곤 했는가 하는 것이
다. 물론 처음으로 떠올랐던 것은, 내가 얼굴, 손, 팔 및 기관
들이라고 하는 이 기계 전체를 지니고 있다는 것이었다. 이
기계는 주검에서도 볼 수 있는 것으로, 나는 이것을 일컬어
몸이라 했다. 이외에도 내가 먹고, 오가며, 느끼고, 생각한다
는 것이 떠올랐다. 물론 이런 활동들을 나는 영혼과 연관시
켰다. 그러나 나는 이 영혼이 무엇인지 주목하지 않았거나,
아니면 영혼이 바람이나 불, 공기같이 뭔지 모를 미묘한 것
으로서 나의 투박한 기관들에 퍼져 있다고 상상해왔다. 그러
나 몸에 관해서는 정말로 의심조차 하지 않았고 오히려 내가
그 본성을 또렷하게 안다고 생각해왔다. 만일 이러한 본성을
내가 정신으로써 파악한 대로 기술했더라면 나는 아마도 이
렇게 설명했을 것이다. 몸이란 그 특성상 어떤 모양으로 한
정되고 어떤 장소에 의해 둘레가 그어지고 어떤 공간으로부
터 다른 모든 사물을 밀어내고서야 그 공간을 점유하는 모
든 것이자, 촉각, 시각, 청각, 미각 및 후각에 의해 지각되고
다양한 방식으로 움직이는, 물론 스스로가 아니라 다른 것에
영향을 입어 움직이는 모든 것이다. 내 판단으로는, 감각하
는 힘이나 생각하는 힘이 몸의 본성에 속하지 않듯이, 스스
로 움직이는 힘을 지닌다는 것 또한 결코 몸의 본성에 속하
지 않는다. 아니 오히려 특정한 몸들에서 그런 기능이 발견

된다는 말에 나는 정말이지 깜짝 놀라곤 했던 것이다.

그러나 이제는 어떠한가? 극히 유능한, 그리고 이렇게 말할 수 있다면, 사특한 사기꾼이 의도적으로 가능한 모든 일에서 나를 속였다고 가정해보자. 나는 방금 몸의 본성에 속한다고 말했던 것들 가운데 뭐 하나라도 가지고 있다고 단언할 수 있을까? 눈여겨보고 생각해보고 되새겨보지만, 아무것도 떠오르지 않는다. 같은 것을 반복하다 일없이 지치고 만다. 그러면 영혼에 귀속시킨 것들 가운데에서는? 먹는다는 것 아니면 오간다는 것은? 지금 나는 몸을 가지고 있지 않으므로 이것들 역시 허구에 지나지 않는다. 감각한다는 것은? 물론 이 또한 몸 없이는 불가능하며, 나는 꿈속에서 감각한다고 생각했던 것을 나중에 감각하지 않았다고 깨달은 적이 있다. 생각한다는 것은? 여기서 나는 발견한다. 생각이다. 오로지 이것만이 나와 나누어지지 않는다. 나는 있다, 나는 실존한다. 이것은 확실하다. 하지만 얼마 동안? 물론 내가 생각하는 동안. 다시 말해 [이런 일은 불가능하겠지만] 내가 모든 생각을 그만둔다면, 그와 동시에 내가 있다는 것도 완전히 멈추는 일이 일어날 것이다. 지금 나는 오로지 피할 수 없이 참된 것만을 받아들이고 있다. 따라서 나는 엄밀히 말해 오로지 생각하는 것이다. 즉 이전에는 말뜻을 몰랐던, 정신이나 영혼이나 지성이나 이성이다. 그러면서도 나는 참된 것, 참으로 실존하는 것이다. 그러나 어떤 종류의 것인가? 말했다시피 생각하는 것이다.

이 밖에 나는 무엇인가? 상상해보자. 나는 기관들의 접합체, 이른바 인체가 아니다. 이 기관들에 퍼져 있는 무슨 미묘한 기운도 아니며, 바람도 불도 수증기도 숨결도 아니며, 아무튼 내가 지어낸 것은 아니다. 나는 이미 그것들이 아무것도 아니라고 가정했다. 이 입장은 여전하다. 하지만 그렇다 하더라도 나는 그 무엇이다. 그러나 혹시 이런 일이 가능하다면? 즉 그것들이 내게 알려져 있지 않은 까닭에 아무것도 아니라고 가정되기는 하지만, 사물의 진리라는 관점에서 볼 때 내가 알고 있는 나와 다르지 않다면? 모르는 일이다. 이 점에 관해서 나는 지금 논쟁하지 않겠다. 내게 알려진 것들에 관해서만 나는 판단할 수 있다. 내가 아는 것은 내가 실존한다는 것이요, 내가 묻는 것은 내가 알고 있는 저 [실존할 수밖에 없는] 나는 도대체 누구인지이다. 이렇게 엄밀하게 생각된 나 자신에 대한 인식이 내가 아직 그 실존을 알지 못하는 것들에 달려 있지 않다는 것, 따라서 내가 상상력으로 지어낸 것들에 달려 있지 않다는 것은 매우 확실하다. 게다가 '지어낸'이라는 말이 나의 실수를 일깨워준다. 나는 무엇이다, 하고 상상할 때, 나는 사실 지어내고 있는 것이다. '상상하다'는 바로 '몸이 있는 것의 모양이나 그림을 자신의 시야로 가져오다'라는 뜻이기 때문이다. 그러나 지금 내가 확실히 아는 것은 내가 있다는 것, 그리고 이런 모든 그림들과 몸의 본성과 관련된 모든 것이 대개는 몽상에 지나지 않을 수도 있다는 것이다. 이러한 것들을 깨달은 뒤에도 '상상해 보자. 내가 도대체 누구인지 더 또렷하게 알도록'이라고 말하는 것은 '지금 나는 확실히 깨어 있고 몇몇 참된 것을 보고 있지만, 아직 충분히 명백하게 보고 있는 것은 아니다. 그러니 애써 잠을 청하자. 그러면 꿈이 바로 그것을 더 참되고 더 명백하게 재현하리라'라고 말하는 것 못지않게 바보짓일 게다. 그리하여 나는 깨달았다. 상상력의 도움으로 포착되는 것들 가운데 어떤 것도 내가 나에 관해 가지고 있는 인식에 속하지 않으며, 정신은 이런 것들을 멀리하면 할수록 자신의 본성을 더욱 또렷하게 지각한다.

그렇다면 나는 무엇인가? 생각하는 것이다. 이것은 무엇인가? 의심하는 것, 이해하는 것, 긍정하는 것, 부정하는 것, 바라는 것, 바라지 않는 것이며, 그뿐만 아니라 상상하는 것이고 감각하는 것이다.

이 모든 것이 나에게 속해 있다면, 사실 이는 적은 것이 아니다. 그러나 속해 있으면 안 될 무슨 까닭이라도 있는가? 지금 거의 모든 것을 의심하는 사람, 그러면서도 몇 가지는 인식하고 있는 사람, 이 한 가지는 참이라고 긍정하고 나머지는 부정하며, 더 많은 것을 알고 싶고 속고 싶지는 않으며, 본의 아니게 많은 것을 상상하고, 많은 것을 또한 감각에서 온 것으로 간주하는 사람은 바로 나 아닌가? 이러한 사실들 가

운데 과연 무엇이 나의 있음과 똑같은 정도로 참되지 않다는
29 말인가? 이는 설령 내가 언제나 잠들어 있고 심지어 나를 창
조한 자가 있는 힘을 다해 나를 속인다고 하더라도 마찬가
지이다. 무엇이 내 생각과 구분되겠는가? 무엇이 나 자신과
분리되어야 한다고 말하겠는가? 다시 말해 내가 의심하는
자, 인식하는 자, 바라는 자라는 사실은 더 이상 설명할 방법
이 없을 만큼 명백하다. 그러나 한편으로 나는 사실 상상하
는 자와 같은 사람이기도 하다. 물론 상상된 것들은 가정했
던 대로 어쩌면 전혀 참되지 않을지도 모른다. 그러나 그렇
다 하더라도 바로 이 상상하는 힘은 참으로 실존하고, 또 내
생각에 참여하고 있는 것이다. 마지막으로 나는 감각하는 자
와 같은 사람이기도 하다. 즉 나는 물체에 속한 것들을 그야
말로 감각을 통해 지각하는 자이다. 물론 나는 지금 빛을 보
고 소리를 들으며 뜨거움을 느낀다. 이것들은 거짓이다. 나
는 지금 자고 있다. 그렇지만 〔내가〕 본다, 듣는다, 뜨거워한
다는 것은 확실해 보인다. 이것이 거짓임은 불가능하다. 이
것이 '감각하다'의 본래적 의미이다. 이렇게 엄밀히 따져보
니 '감각하다'는 다름 아닌 '생각하다'이다.

　이로써 나는 도대체 내가 누구인지 제법 잘 알기 시작했
다. 그런데도 여전히 생각나고 떨쳐버릴 수 없는 것이 있다.
즉 몸 있는 것들 가운데는 내 생각이 그려내는 것과 내 감각
이 감지하는 것이 있는데, 이것들은 상상력에 포섭되지 않는

뭔지 모를 나의 것보다 훨씬 더 또렷하게 인식된다는 점이다. 참으로 이상한 일이다. 의심스러운 것, 알려져 있지 않은 것, 내게는 낯선 것으로 내가 지각하는 것들이 참된 것, 알려진 것, 한마디로 나 자신보다 더 또렷한 것으로 나에게 인식되다니. 그러나 어찌 된 일인지 나는 안다. 내 정신은 이리저리 돌아다니기를 좋아하며 아직도 진리의 울타리 안에 머물지 못한다. 그러니 아서, 한번 고삐를 늦추자. 조금 뒤 적당한 30 때에 다시 당기면 더 쉽게 끌려올 테니.

흔히 모든 것 가운데 가장 또렷하게 파악된다고 여겨지는 것들을 살펴보자. 우리가 만지고 보는 물체들 말이다. 물체들 일반이 아니다. 이러한 일반적 지각들은 상당히 헷갈리곤 하기 때문이다. 그러나 하나의 개별적 물체는 그렇지 않다. 여기 이 밀랍을 보기로 들어 생각해보자. 이것은 최근에 벌집에서 추출되었다. 아직 꿀맛을 완전히 잃지는 않았다. 꽃향기도 없지 않다. 이것의 빛깔, 모양, 크기도 명백하다. 단단하고 차갑고 만지기 좋고 만일 손마디로 두드리면 소리가 날 것이다. 한마디로 모든 점에서 어떤 물체를 최대한 또렷하게 인식하는 데에 필요하다고 생각되는 것들이 실존한다. 그런데 보라. 이렇게 말하는 동안 불에 가져가니, 남아 있던 맛은 사라지고 향기는 날아가고 빛깔은 변하고 모양은 간데없고 크기가 늘어나고 흘러내리고 뜨거워지고 거의 잡히지 않고 이제는 두드려도 소리가 나지 않는다. 여기 똑같은 밀랍이 남아 있는가? 남아 있다고 인정할 수밖에 없다. 누구도 부정하지 않고 누구도 다르게 생각하지 않는다. 그렇다면 밀랍에서 그토록 또렷하게 인식된 것들은 과연 무엇이었나? 이것들 가운데 감각에 의해 포착된 것은 확실히 없다. 다시 말해 미각, 시각, 촉각, 청각에 포섭된 것은 이제 모두 변했지만 밀랍은 남아 있다.

아마도 그것은 내가 지금 생각하고 있는 밀랍 자체였을 것이다. 말하자면 밀랍 자체는 꿀맛도 꽃향기도 하얀빛도 모양도 소리도 아니었다. 조금 전에는 그렇게, 지금은 다르게 보이는 것으로 내게 나타난 물체였던 것이다. 그러나 내가 이렇게 상상하는 것은 정확히 무엇인가? 집중하자. 그리고 밀랍에 속하지 않는 것들을 모두 제거한 뒤에 무엇이 남는지 보자. 무엇이 [공간상에] 펼쳐져 있다, 유연하다, 변화한다는 것 말고는 아무것도 없다. 그런데 이 유연하다는 것과 변화한다는 것은 무엇인가? 이 밀랍이 둥근 모양에서 네모꼴로, 아니면 네모꼴에서 세모꼴로 변할 수 있다고 내가 상상하는 것일까? 결코 아니다. 물론 나는 밀랍이 이러한 변화를 무수히 겪을 수 있다는 것을 파악한다. 그러나 상상으로는 그 무수한 변화를 빠짐없이 따라다닐 수 없다. 그러니 이러한 파악은 상상력으로는 완수되지 않는다. '무엇이 펼쳐져 있다'는 것은 어떠한가? 설마 그 펼침까지 알 수 없다는 것인가? 예컨대 밀랍은 녹이면 커지고 끓이면 더 커지며 계속 열을 가하면 점점 더 부풀어 오른다. 밀랍이 무엇인지를 올바로 판단하려면, 펼침과 관련하여 그것이 내가 전에 상상했던 것보다 훨씬 더 다양한 크기들로 펼쳐질 수 있다는 사실 또한 고려해야 한다. 이제 남은 것은 밀랍이 무엇인지 내가 상상하지 않고 오직 정신으로써 지각한다는 것을 받아들이는 일이다. 이 특별한 밀랍 한 조각도 정신으로써 지각하는데, 하물며 밀랍 전체는 말할 필요도 없을 것이다. 그런데 오로지 정신으로써 지각되는 밀랍이란 도대체 어떤 것인가? 물론 그것은 내가 보고 만지고 상상하는 것과 같은 밀랍, 한마디로 처음부터 밀랍이라고 생각했던 것과 같은 밀랍이다. 그러나 주의해야 한다. 그것을 지각하는 능력은 시력도 아니요, 청력도 아니요, 상상력도 아니다. 전에는 그렇게 생각했는지 몰라도 이제는 결코 아니다. 그것은 오직 정신의 통찰이다. 이것은 내가 통찰할 내용에 덜 집중하느냐 더 집중하느냐에 따라, 처음처럼 불완전하고 헛갈릴 수도 있지만, 지금처럼 맑고 또렷해질 수도 있다.

그러나 내 정신은 오류에 빠지기가 일쑤니, 그저 놀라울 따름이다. 내가 아무리 속으로 소리 내지 않고 고찰하더라도, 나는 여전히 말에 사로잡혀 일상적인 언어 사용에 속기 32 가 십상인 것이다. 다시 말해 만일 밀랍이 여기 있다면, 우리는 그 밀랍을 보고 있다고 말하지, 빛깔이나 모양을 근거로 그것이 여기 있음을 판단한다고 말하지 않는다. 이 때문에 나는 하마터면 곧장, 그러므로 밀랍은 정신만의 통찰이 아니라 눈의 시력에 의해서 인식된다고 결론지을 뻔했다. 내가 어쩌다 창밖으로 길 가는 사람들을 보지 않았더라면 말이다. 밀랍과 마찬가지로 나는 바로 그 사람들을 본다고 말한다. 그러나 모자와 옷 말고 내가 보는 것은 무엇인가? 그 속에 자동 기계가 숨겨져 있다면? 그러나 판단하건대 그들은 사람이다. 그리고 바로 이렇게 나는 내가 눈으로 본다고 믿곤 했던 것을, 사실은 내 정신에 속해 있는 판단 능력으로써 파악하고 있는 것이다.

그러나 뭇사람들이 접하는 말하기 방식을 좇아 의심할 거리를 찾았다니, 그들보다 더 지혜롭기를 바라는 사람으로서 부끄러워해야 마땅하다. 그러니 계속해서 집중하자. 밀랍이 무엇인지를 내가 더 완전하게 더 명백하게 지각한 것이 언제인가? 내가 처음에 밀랍을 보고, 그것을 외적 감각으로써, 아니면 최소한 [내적 감각인] 이른바 공통 감각sensus communis, 즉 상상력으로써 인식했다고 믿었던 때인가? 아니면 밀랍이 무엇인지, 또 인식되는지를 면밀히 고찰하고 난 지금인가? 이에 대해 의심하는 것은 확실히 어리석은 짓이리라. 도대체 최초의 지각에서는 무엇이 또렷했을까? 아무 동물이나 지닐 수 없는 것처럼 보이는 것은 무엇인가? 그러나 내가 밀랍을 그 겉허울과 구분하고 마치 너울을 걷어내듯 벌거벗긴 채로 고찰할 때, 인간 정신이 없다면 정말이지 나는 밀랍을 그렇게 지각하지 못한다. 지금도 내 판단에 오류가 있다 하더라도 이는 마찬가지이다.

그런데 나는 정신 바로 그것에 관해, 즉 나 자신에 대해 무 엇을 말하겠는가? 말하자면 내가 지금까지 내게 속한다고 인정한 것이라고는 정신밖에 없다. 묻건대, 이 밀랍을 그토록 또렷하게 지각하는 듯 보이는 나는 무엇인가? 혹시 내가 나 자신을 훨씬 더 참되고 확실하게, 또한 훨씬 더 또렷하고 명백하게 인식하는 것은 아닐까? 말하자면 내가 밀랍을 본다는 사실로부터 밀랍이 실존함을 판단한다면, 나는 그 똑같은 사실로부터 나 또한 실존한다고 명백하게 추론한다. 물론 내가 보고 있는 것이 사실은 밀랍이 아닐 가능성도 있다. 밀랍을 보여주는 두 눈이 내게 한 번도 없었을 가능성도 있다. 그러나 내가 보고 있는데도, 곧 내가 본다고 생각하고 있는데도(나는 지금 이 둘을 구분하지 않는다), 내가 생각하는 것이면서 아무것도 아니라는 것²⁴은 도무지 불가능하다. 비슷한 방식으로, 내가 밀랍을 만지고 있다는 것을 근거로 밀랍이 있다고 판단한다 해도, 보다시피 내가 있다고 하는 마찬가지의 결론에 이른다. 내가 상상한다는 것을 근거 삼아, 아니면 아무거나 다른 것을 근거 삼아 판단한다 하더라도 언제나 마찬가지이다. 내가 밀랍에 관해 깨달은 바로 이것을 내 밖에 놓여 있는 다른 모든 것에 적용해도 좋다. 나아가 밀랍의 지각이 시각이나 촉각은 물론 다른 많은 근거들에 따라 내게 알려진 뒤 더욱 또렷하게 보였다면, 이제 나 자신은 그만큼 더 또렷하게 내게 인식된다는 사실을 받아들여야 한다. 밀랍이나 그 밖에 다른 물체들을 지각하는 데에 도움을 주는 근거라면 무엇이든 내 정신의 본성을 더욱 잘 보여줄 테니 말이다. 그러나 바로 이 정신 속에는 그 밖에도 자신을 더 또렷하게 알릴 만한 것들이 듬뿍 담겨 있느니만큼, 우리가 물체에서 정신으로 흘러들어 온 것들까지 헤아릴 필요는 없겠다.

자, 보라! 나는 마침내 내 뜻대로 내가 바라던 곳에 돌아왔다. 다시 말해 나는 나의 정신보다 더 쉽게 혹은 더 명백하게 지각할 수 있는 것은 아무것도 없다는 것을 명백히 인식한다. 왜냐하면 이제는 알다시피 물체들 역시 엄밀하게 말하자면 감각이나 상상력이 아니라 오직 지성으로써 지각되며, 만져지거나 보여서가 아니라 오로지 인식되는 까닭에 지각되기 때문이다. 그러나 오래된 의견의 습관이란 그렇게 빨리 떨쳐지지 않는 법이니, 이 새로운 깨달음을 오랫동안 성찰하여 내 기억 속에 깊이 새기고자 한다면, 여기서 멈추는 것이 좋겠다.

신에 관하여

———

그는 실존한다

이제 나는 눈을 감으리라. 귀를 막으리라. 모든 감각을 멀리하리라. 몸을 가진 것들에 대한 모든 그림들조차 내 생각에서 지우리라. 아니, 이런 일은 일어나기 어려우니 차라리 이것들은 아무것도 아니다, 헛되고 거짓된 것들이라 여기리라. 그리고 내게만 말 건네고 나만을 깊이 들여다보며 나 자신이 점점 더 내게 알려지도록, 친숙해지도록 애써보리라. 나는 생각하는 것이다. 즉 의심하는 것, 긍정하는 것, 부정하는 것, 적은 것을 인식하는 것, 많은 것을 모르는 것, 바라는 것, 바라지 않는 것, 뿐만 아니라 상상하는 것, 감각하는 것이기도 하다. 앞에서 보았다시피 내가 감각하거나 상상하는 바는 어쩌면 내 바깥에서는 아무것도 아닐지도 모르지만, 확신컨대 내가 감각과 상상력이라고 일컫는 이 생각의 양태들[25]은, 이것이 생각의 특정한 양태들인 한, 내게 속한다. 35

이 몇 마디로 나는 내가 참으로 아는 것, 아니, 못해도 지금까지 내가 안다고 여긴 것을 모두 늘어놓은 셈이다. 이제는 혹시 내가 아직 반성하지 않은 것들이 여전히 내 곁에 있는지 조심스레 둘러보려 한다. 확신하건대 나는 생각하는 것이다. 그렇다면 나는 어떤 것을 확신하는 데에 필요한 무언가를 벌써 알고 있는 것일까? 물론 이 첫 깨달음에 속해 있는 것은 바로 내가 긍정하는 대상에 대한 어떤 맑고 또렷한[26] 지각이다. 내가 이렇게 맑고 또렷하게 지각한 것이 언젠가 거짓으로 밝혀질 성싶었다면, 이러한 [첫 깨달음에 속해 있는] 지각은 애초에 나로 하여금 사물의 진리를 확신하게 하기에 충분치 않았을 것이다. 따라서 이제는 내가 더없이 맑고 또렷하게 지각하는 모든 것은 참이라는 것을 일반적 규칙으로 정할 수 있을 듯하다.

그러나 나는 오래전에 많은 것들을 아주 확실하고 명백한 양 받아들였지만, 나중에는 이것들이 의심스럽다는 사실을 알아챘다. 그렇다면 어떤 종류의 것들이었는가? 말하자면 땅, 하늘, 별들 그리고 그 밖에 내가 감각으로 포착했던 모든 것. 그런데 이것들에 관하여 내가 맑게 지각한 것은 무엇인가? 말하자면 바로 그런 것들에 대한 관념들 곧 생각들이 내 정신에 떠올랐다는 사실. 그러나 바로 지금도 내가 이 관념들을 지니고 있다는 사실을 나는 부정하지 않는다. 그런데 내가 긍정했고, 믿는 버릇 때문에 맑게 지각했다고 여겼지만 사실은 그렇게 지각한 것이 아닌, 또 다른 무언가가 있다. 즉 내 바깥에 어떤 사물들이 있다, 이것들의 관념은 이것들로부터 왔으며 이것들과 완전히 닮았다, 하는 것이다. 여기서도 나는 오류를 범했다. 아니, 내가 옳게 판단했다 하더라도 이는 결코 내 지각 능력에 따라 일어난 일이 아니다.

도대체 어찌 된 것인가? 그러나 대수학이나 기하학의 문제와 관련하여 무언가 아주 단순하고 쉬운 것, 예컨대 둘과 셋이 서로 합하면 다섯이다, 또는 이와 비슷한 것들을 고찰했을 때, 나는 과연 이것들을 참이라고 긍정할 만큼 충분히 분명하게 직관했던가? 사실 이것들을 의심해야 한다고 나중에 판단했던 까닭은, 다름이 아니라, 어쩌면 어떤 신이 더없이 명백해 보이는 것들에 관해서도 속고 마는 본성을 나에게 부여했을지도 모른다는 생각이 들었기 때문이다. 그러나 신의 전능함에 관한 선입견이 나에게 떠오를 때마다 나는 고백하지 않을 수 없다. 그가 바라기만 했다면, 내가 정신의 눈으로써 있는 힘껏 명백하게 직관했다고 여기는 것들에서조차 오류에 빠지도록 만드는 것쯤은 그에게 쉬운 일이 아니던가. 그렇지만 내가 더없이 맑게 지각한다고 여기는 것들을 돌아볼 때마다, 나는 이것들에 완전히 설득되어 나도 모르게 이렇게 외치고 만다. "누구든 나를 속일 수 있는 자가 나를 속인다고 하자. 그럼에도 불구하고 내가 나는 무엇이다, 하고 생각하는 한, 그는 결코 나를 아무것도 아닌 것으로 만들지 않으리라. 내가 있다는 것이 지금 참이라면, 그는 내가 결코 있지 않았다는 것을 언젠가 참으로 만들지도 않으리라. 둘과 셋이 서로 합한 것을 다섯보다 크거나 작게 만들지도 않으리라. 이와 비슷한, 내가 명백한 모순으로 인식하는 것들을 만들지도 않으리라." 그리고 확실히 나한테는 어떤 신을 사기꾼으로 여길 까닭이 없고(또한 내가 어떤 신이 있는지 없는지 아직 충분히 알지 못하기 때문에), 그저 이러한 의견에 좌우되는 의심의 근거란 아주 빈약한 것이고, 내가 말하는 식대로라면, 형이상학적이다. 기회가 난 김에 이것까지 제거하려면, 나는 신이 있는지, 있다면 사기꾼일 수도 있는지를 검토해야 한다. 이것을 모르는 한, 나는 결코 어떤 것에 대해서도 완전히 확신할 수 없을 테니 말이다.

이제 필요한 순서[27]는 먼저 내 모든 생각들을 몇 가지 종류로 분류하고 이 가운데 과연 어떤 것들에 참 또는 거짓이 고유하게 속하는지를 검토하는 것인 듯하다. 이 가운데 몇몇은 본래적인 뜻에서 관념idea이라는 이름이 어울리는, 이를테면 사물의 그림imago이다.[28] 예컨대 내가 인간이나 키메라나 하늘이나 천사나 신을 생각할 때가 이에 해당한다. 그런데 이외에 다른 몇몇은 어떤 다른 형식을 취하고 있다. 예컨대 내가 바랄 때, 두려워할 때, 긍정할 때, 부정할 때가 이에 해당한다. 이럴 때 나는 언제나 어떤 사물을 내 생각의 객체[29]로서 파악하면서도, 이에 더하여 바로 이 사물의 닮은 꼴[30] 이상의 무언가를 생각으로써 품고 있는 것이다. 이 가운데 어떤 것은 의지나 정념이라고 부르지만, 어떤 것은 판단이라고 부른다.

이제 관념에 관해 말하자면, 관념은 다른 것과의 연관 없이 그 자체로만 고찰할 때 본디부터 거짓된 것일 수는 없다. 다시 말해 내가 상상하는 것이 산양이든 키메라든, 하나를 상상하는 것은 다른 하나를 상상하는 것 못지않게 참이다. 또한 의지나 정념 자체에는 두려워할 만한 거짓이 없다. 다시 말해 내가 아무리 잘못된 것을, 심지어 아무 데도 없는 것을 원한다고 하더라도, 이 때문에 내가 그것을 원한다는 사실이 참이 아닐 수는 없다. 다음으로 남은 것은 판단뿐이다. 판단할 때 나는 잘못하지 않도록 주의해야 한다. 하지만 판단에서 발견되는 중대하면서도 가장 흔한 오류는 내가 지닌 관념이 내 밖에 놓인 어떤 사물과 닮았다고, 즉 동형적 conformis이라고 판단할 때 일어난다. 다시 말해 내가 관념 자체를 내 생각의 어떤 양태로서 고찰하고 다른 어떤 것과 연관시키지 않는다면, 아마도 관념이 나에게 실수할 만한 문젯거리를 제공할 가능성은 거의 없을 것이다.

그런데 내가 보기에 이런 관념들 가운데 몇몇은 타고난 것이고, 몇몇은 얻은 것이며, 몇몇은 나 자신이 만든 것이다. 다 38 시 말해, 내가 사물이 무엇인지, 진리가 무엇인지, 생각이 무엇인지를 인식한다는 것은 내가 알기로 나 자신의 본성 이외에 어느 곳에서도 얻어지지 않는다. 반면에 지금까지 내가 판단해온 바에 따르면, 내가 지금 어떤 소리를 듣고 태양을 바라보며 열을 느낀다는 것은 내 밖에 놓여 있는 어떤 사물에서 비롯된다. 끝으로 세이렌이나 히포그리프스[31] 따위는 나 자신이 지어낸 것이다. 아니, 어쩌면 나는 심지어 모든 관념을 얻은 것이라고, 아니면 타고난 것이라고, 아니면 만들어낸 것이라고 생각할 수도 있다. 나는 아직 관념의 참된 기원을 훤히 꿰뚫어 보지 못했기 때문이다.

그러나 여기서는 특별히, 내 바깥에 실존하는 사물로부터 얻은 것으로 여겨지는 관념에 관하여 탐구해야 한다. 나는 도대체 어떤 근거로 인해 관념이 실존하는 사물과 닮았다고 믿게 되는가? 물론 알다시피 나는 자연으로부터 그렇게 배웠다. 나아가 나는 그 관념이 내 의지에, 따라서 나 자신에 좌우되지 않는다는 것을 경험한다. 다시 말해 그것은 본의 아니게 자주 떠오른다. 예컨대 나는 지금 원하든 원하지 않든 열기를 느낀다. 그리고 이 때문에 나는 이 감각, 즉 열의 관념을 나와는 다른 것, 즉 내 곁에 있는 불의 열기로부터 얻었다고 믿는다. 그리고 나는 당연히 이 열기가 뭔가 다른 종류의 것이라기보다는 자신의 닮은꼴을 나에게 전해준다고 판단할 것이다.

이제 이런 근거들이 충분히 견고한지를 살펴보자. 여기서 '나는 자연으로부터 그렇게 배웠다'는 말은, 뭔가 제멋대로인 충동에 따라 내가 그것을 믿는 쪽으로 이끌렸다는 뜻이지, 어떤 자연의 빛에 따라 그것의 참됨이 내게 밝혀졌다는 뜻이 아니다. 이 두 가지는 많이 다르다. 다시 말해서 자연의 빛이 나에게 밝혀주는 것들은 결코 의심할 수 없다. 예컨대 내가 의심한다는 사실로부터 내가 있다는 것이 귀결된다는 것, 그리고 이와 비슷한 것들. 왜냐하면 이 빛만큼 신뢰할 만한 능력도, 이 빛이 밝혀주는 것들이 참이 아니라고 가르칠 만한 능력도, 달리 있을 수 없기 때문이다. 그러나 자연적 충동에 관해서 말하자면, 나는 내가 좋은 쪽을 선택하려는데 이것 때문에 나쁜 쪽으로 쏠리게 된다고 이미 예전에 종종 판단했다. 왜 다른 경우에도 이것을 계속 신뢰해야 하는지 나는 모르겠다.[32]

다음으로, 이 관념들이 아무리 내 의지에 의존하지 않는다 하더라도, 이것들은 필연적으로 내 바깥에 있는 사물에서 비롯된다고 주장해서는 안 된다. 다시 말하면 방금 말한 저 충동은 내가 지니고 있기는 해도, 알다시피 내 의지와는 별개의 것이다. 이런 식으로 나는 어쩌면 아직 나에게 충분히 알려지지 않은 다른 능력, 곧 이러한 관념들의 생산력을 지니고 있는지도 모른다. 이것들이 내가 잠자는 동안 바깥 것의 도움 없이 내 안에서 형성되는 일은 지금도 볼 수 있다.

마지막으로, 이런 관념이 설령 나와는 다른 사물에서 비롯된다고 하더라도, 이로부터 '이 관념은 그 사물과 닮아야 한다'라는 결론은 나오지 않는다. 오히려 많은 경우에 이 둘은 엄청난 차이를 보인다. 예컨대, 나는 태양에 대한 서로 다른 두 가지 관념을 내 안에서 발견한다. 한 관념은 이른바 감각에 의해 만들어진 것으로서, 대부분 내가 얻은 것이라고 간주한 것에 속하고, 이로써 태양은 내게 아주 작게 나타난다. 반면에 다른 하나는 천문학적 근거에 따라 추려낸 것, 즉 내가 타고난 개념들로부터 끌어낸 것이거나, 아니면 어찌어찌 다른 방식으로 내가 만들어낸 것이며, 이로써 태양은 지구보다 몇 곱절이나 더 큰 것으로 제시된다. 물론 둘 다 내 밖에 실존하는 그 태양과 닮지 않았을 수도 있다. 그리고 이성은 태양에서 직접 흘러나왔다고 여겨지는 관념이 태양과 가장 닮지 않았다고 설득한다.

40   이 모든 점들이 충분히 증명하는바, 나는 지금까지 확실한 판단이 아니라 그저 어떤 눈먼 충동에 따라, 나와는 다른 어떤 것이 실존하며 이것이 자신의 관념 곧 그림을 감각 기관 아니면 뭔가 다른 방식을 통해 나에게 전해준다고 믿어왔던 것이다.

　　그런데 이제는 나에게 관념들을 전해준 사물들이 내 밖에 실존하는지[33]를 탐구하는 또 다른 길이 떠오른다. 물론 이런 관념들이 생각의 특정한 양태들이라는 점에 한해서 보자면, 나는 이것들 사이의 차이를 모르며, 또 보다시피 이것들은 모두가 똑같은 방식으로 나한테서 비롯된 것들이다. 그러나 이 관념은 이 사물을, 저 관념은 저 사물을 재현한다는 점에서 명백히 이것들은 서로 크게 다르다. 다시 말해서 나에게 실체를 보여주는 관념은 단순히 양태 곧 우연적 속성을 재현하는 관념보다 확실히 더 큰 무엇이고, 내가 말하는 식대로라면, 더 많은 표상적 실재성을 담고 있다. 또한 내가 어떤 관념을 통해 어떤 최고의 신, 즉 영원한 자, 무한한 자, 모든 것을 아는 자, 모든 것을 할 수 있는 자, 자신을 제외한 모든 것의 창조자를 인식한다면, 이러한 관념은 유한한 실체를 가리키는 관념보다 확실히 더 많은 표상적 실재성을 담고 있다.[34]

그런데 작용 원인 및 총체적 원인[35]은 적어도 이것의 결과가 담고 있는 것과 똑같은 크기의 것을 담고 있어야 한다. 이는 이미 자연의 빛에 따라 명증하다. 묻건대, 결과는 원인으로부터가 아니라면 도대체 무엇으로부터 자신의 실재성을 얻겠는가? 만일 원인이 실재성을 지니고 있지 않다면 어떻게 그것을 그 결과에 제공하겠는가? 이로부터 아무것도 아닌 것에서는 어떤 것도 생길 수 없으며 더 완전한 것, 곧 더 많은 실재성을 담고 있는 것은 덜 완전한 것에서 생길 수 없 41 다는 것이 귀결된다. 또한 이는 현실적 즉 형상적 실재성을 담고 있는 결과의 경우에서뿐만 아니라, 표상적 실재성만이 고려되는 관념의 경우에도 명백히 참이다. 예를 들자면, 어떤 돌이 전에는 있지 않다가 이제 막 있기 시작한다고 해보자. 이런 일은 돌에 들어 있는 〔실재성〕 전체가 형상대로〔있는 그대로〕 아니면 우월하게[36] 담겨 있는 어떤 것에 의해 산출되지 않으면 불가능하다. 또 전에 열기를 갖고 있지 않았던 어떤 대상이 열기를 띠기 시작하는 일은, 완전성의 등급에서 볼 때 적어도 그 열기와 똑같은 어떤 것[원인]에 의해서가 아니라면 불가능하다. 그 밖의 경우도 마찬가지이다. 나아가 열기나 돌의 관념이 내게 있다는 것도, 이 관념들이 적어도 내가 열기나 돌에 담겨 있다고 파악하는 만큼의 실재성을 담고 있는 어떤 원인에 의해 내게 놓여 있지 않다면 불가능하다. 다시 말해 이 원인[=열기나 돌]이 자신의 현실적, 곧 형상적 실재성에 관하여 나의 [돌이나 열기에 대한] 관념에 아무것도 가져다주지 않는다 할지라도, 이 때문에 이 원인이 [나의 관념보다] 더 적은 실재성을 지니고 있다고 여겨서는 안 된다. 오히려 내 생각의 양태로서의 관념은 내 생각으로부터 얻은 형상적 실재성 이외에 다른 어떤 형상적 실재성을 필요로 하지 않는다. 이것이 바로 이 관념의 본성이다. 그런데 이 관념은 다름 아닌 열기나 돌의 표상적 실재성을 담고 있는바, 이는 그 관념이 담고 있는 표상적 실재성과 적어도 동등한 형상적 실재성을 갖고 있는 원인에 의해서만 가능하다. 어떤 관념이 그것의 원인에 담겨 있지 않던 것을 담고 있고, 따라서 이것을 얻은 곳이 없다고 해보자. 사물이 관념을 통해 지성 속에서 대상으로 존립하는 이 존재 방식이 아무리 불완전하다 하더라도, 이것은 결코 아무것도 아닐 수 없으며, 따라서 아무 데서도 비롯되지 않을 수는 없는 것이다.

또한 내가 관념들 속에서 고려하는 실재성은 단지 표상적인 것이므로 이 실재성이 관념의 원인 속에 형상대로(있는 그대로) 들어 있을 것까지는 없고 그저 표상적으로(=표상하 는 바대로) 들어 있는 것으로도 충분하다고 가정해서도 안 된다. 다시 말해 이 존재의 표상적 양태가 바로 관념의 본성 과 일치하는 만큼, 존재의 형상적 양태는 관념의 원인, 적어 도 최초 주요 원인의 본성과 일치한다. 그리고 혹시 한 관념 이 다른 관념으로부터 생길 수 있다 하더라도, 여기서 이렇 게 무한히 거슬러 올라갈 수는 없는 노릇이며, 결국 어떤 첫 번째 관념에 도달할 수밖에 없다. 이러한 관념의 원인은 어 떤 원형과 같고, 여기에는 관념에 단지 표상적으로 들어 있 는 모든 실재성이 형상대로 담겨 있다. 그러므로 내가 자연 의 빛에 따라 통찰하는바, 내가 지닌 관념은 마치 그림과 같 아서 사물로부터 얻은 완전성을 쉽게 잃을 수는 있어도, 그 보다 더 크거나 완전한 것을 담을 수는 없다.

이 모든 것을 오랫동안 곰곰이 검토할수록 나는 더욱 맑고 또렷하게 이것이 참임을 인식한다. 그러나 이로부터 나는 결 국 어떤 결론에 이르는가? 이를테면 내 관념들 가운데 어떤 것의 표상적 실재성이 매우 커서, 형상대로든 우월하게든 내 게 담겨 있을 수 없고, 따라서 나는 확실히 그것의 원인이 될 수 없다고 가정해보자. 만일 그렇다면 이로부터 필연적으로 귀결되는바, 이 세상에는 나만 홀로 있는 것이 아니라 이 관 념의 원인이 되는 어떤 다른 것이 실존한다. 그러나 만일 그런 관념이 내 안에서 발견되지 않는다면, 나와는 다른 어떤 것의 실존에 관하여 나를 확신시킬 만한 논거는 아예 사라지는 셈이다. 나는 모든 논거를 최대한 면밀히 둘러보았고, 지금까지 어떤 다른 논거도 발견할 수 없었으니 말이다.

그런데 내 관념들 가운데 나에게 나 자신을 보여주는 관념 은 (아무런 난점이 없느니만큼) 일단 제외한다. 그러면 남은 것들 가운데 어떤 것은 신을, 어떤 것은 몸 있는 것과 무생물을, 어떤 것은 천사를, 어떤 것은 동물을, 마지막으로 어떤 것은 나와 닮은 다른 인간을 표상한다.

다른 인간이나 짐승이나 천사를 나에게 보여주는 관념에 관해 말하자면, 설령 세상에 (나 말고는) 어떤 인간도, 천사도, 짐승도 없다고 할지라도, 나는 이것들을 나 자신과 몸 있는 것과 신한테서 얻은 관념들을 가지고 합성할 수 있다. 이는 내가 쉽게 인식하는 바이다.

그런데 몸 있는 것에 대한 관념에 관해 말하자면, 여기서는 나 자신에게서 비롯되었다고 생각할 수 없을 만큼 큰 것이 아무것도 떠오르지 않는다. 다시 말해 어제 밀랍의 관념을 검토했던 식으로 이 관념을 더 정확히 들여다보고 낱낱이 검토하면, 나는 거기서 아주 적은 것들만을 맑고 또렷하게 지각한다는 것을 알게 된다. 예컨대 크기, 즉 길이, 넓이, 깊이로 펼쳐져 있음, 이 펼쳐짐을 한정함으로써 생기는 형태, 여러 형태의 것들이 제각각 차지하는 위치, 이 위치의 변화나 운동 정도이며, 여기에 실체, 지속 및 수를 덧붙일 수 있겠다. 그러나 그 밖의 것들, 예컨대 빛깔과 색깔, 소리, 냄새, 맛, 뜨거움과 차가움, 다른 촉각적 성질들은 나에게 너무 헷갈리고 흐릿하게 생각되며, 이 때문에 나는 이것들이 참인지 거짓인지, 즉 내가 이것들로부터 얻은 관념이 어떤 사물에 대한 관념인지 아니면 헛것[37]에 대한 관념인지조차 모르겠다. 다시 말해서 본래적 의미에서의 오류, 즉 형식상의 오류는 조금 전에 말했듯이 오직 판단에서 발견되지만, 이와는 달리 어떤 관념이 헛것을 마치 사물인 양 표상하는 경우에는 이 관념에서 내용상의 오류가 발견된다. 예컨대 내가 뜨거움과 차가움으로부터 얻은 관념들은 거의 맑지도 또렷하지도 않아서, 이것들로부터는 차가움이 뜨거움의 결여인지 아니면 뜨거움이 차가움의 결여인지, 혹은 둘 다 실재적인 성질인지 아니면 둘 다 아닌지를 배울 수 없는 지경이다. 그러나 무릇 관념이란 사물의 관념이다. 따라서 차가움이 뜨거움의 결여에 지나지 않는다는 것이 참이라면, 차가움을 마치 실재적이고 긍정적인realis & positivus[38] 무엇인 양 나에게 재현하는 관념을 그릇된 관념이라고 부르는 것은 무리가 아니다. 나머지 경우도 마찬가지이다.

확실히 이 그릇된 관념들을 지은 이가 나 아닌 다른 사람이라고 탓할 것 없다. 다시 말해 만일 이것들이 거짓이라면, 즉 어떤 사물도 재현하지 않는다면, 이것들은 아무 데서도 오지 않았다. 즉 이것들은 내 본성이 뭔가 모자라고 전적으로 완전하지만은 않다는 바로 그 이유로 내 안에 있다. 이는 자연의 빛이 내게 알려주는 바이다. 반면에 만일 이것들이 참이라면, 이것들은 내가 헛것과 구분할 수조차 없을 만큼 적은 실재성을 내게 보여주는 것이기 때문에, 보다시피 나 자신한테서 비롯되지 않을 까닭이 없다.

그런데 몸을 가진 것에 관한 맑고 또렷한 관념 가운데 몇몇, 즉 실체, 지속성, 수 및 이와 유사한 것은 나 자신의 관념에서 끌어낼 수 있는 듯하다. 예컨대 내가 돌을 실체라고, 즉 그 자체로 실존하기에 알맞은 것이라고 생각하면서 나 자신도 실체라고 생각해보자. 나는 생각하는 것이고 펼쳐져 있지 않은 것이다. 반면에 돌은 펼쳐져 있는 것이고 생각하지 않는 것이다. 이 때문에 이 두 개념은 막대한 차이를 지닌다. 그러나 실체라는 점에서는 서로 일치한다. 다시, 나는 지금 있다는 것을 지각하고 전에 얼마간 있었음을 되새긴다. 또한 나는 여러 가지 생각들을 지니고 있으며 이것들이 여럿임을 인식한다. 여기서 나는 지속성과 수의 관념을 얻으며 다음부터는 이것을 다른 모든 사물에 적용할 수 있다. 반면에 몸을 가진 것의 관념을 이루고 있는 나머지는 펼쳐져 있음, 형태, 위치 및 운동이 전부다. 그런데 나는 다름 아닌 생각하는 것이므로 이것들을 단지 형상대로 포함하는 것이 아니다. 이것들은 실체의 특정한 양태들일 뿐이지만 나는 실체이기 때문에, 알다시피 나는 이것들을 우월하게 포함할 수 있다.

이제 남은 것은 신에 대한 관념뿐이며, 이 관념 속에 나 자신한테서 나올 수 없는 무언가가 있는지가 고찰되어야 한다. 신이란 무한하고 독자적이며 전지전능한 실체를 말한다. 또한 이러한 실체는 나 자신을 창조했고, 다른 무언가가 실존한다면 실존하는 그 모든 것 역시 창조했다. 이 모두는 보다시피 나 자신한테서는 비롯될 수 없는 것들이며, 이는 곰곰이 생각할수록 더욱더 확실해진다. 그러므로 이상으로부터 신은 필연적으로 실존한다는 결론이 내려질 수밖에 없다.

다시 말해 나는 내가 실체라는 사실로부터 어떤 실체의 관념을 지니고 있다. 그렇지만 나는 유한하기 때문에 이것이 무한 실체의 관념은 아닐 것이다. 무한 실체의 관념은 정말이지 무한한 실체로부터만 비롯될 것이다.

또한 나는 무한한 것을 참된 관념을 통해서가 아니라 유한한 것을 부정함으로써 지각한다고 생각해서도 안 된다. 내가 마치 정지를 운동의 부정으로, 어둠을 빛의 부정으로 지각하듯이 말이다. 그렇기는커녕 나는 무한 실체가 유한 실체보다 더 많은 실재성을 담고 있다는 것, 이 때문에 무한한 것, 즉 신에 대한 지각이 유한한 것, 즉 나 자신에 대한 지각보다 어떤 면에서는 먼저 내 안에 있다는 것을 명백히 알고 있다. 만일 내게 더 완전한 존재자의 관념이 없어서, 내 결함을 이것과 비교함으로써 깨닫지 못했다면, 내가 의심하고 욕구한다 46

는 사실, 즉 내게 무언가가 결여되어 있고 내가 전적으로 완전하지는 않다는 사실을 내가 과연 어떻게 알았겠는가?

또한 이제는, 조금 전 뜨거움, 차가움, 기타 등등의 관념에 대해서 말할 때처럼, 신에 대한 관념도 어쩌면 내용상의 오류이며 따라서 어디에서도 올 수 없다고 이야기할 수 없다. 그렇기는커녕 신에 대한 관념은 가장 맑고 또렷하여, 여느 관념보다 더 많은 표상적 실재성을 담고 있으며, 그 자체로 이보다 참된 것도 없고, 이만큼 오류의 의혹이 발견되지 않는 것도 없다. 이르건대, 이 최고로 완전하고 무한한 존재자의 관념이 가장 참된 관념이다. 그런 존재자는 실존하지 않는다고 누군가 지어낼 수 있을지 몰라도, 이 존재자의 관념이 앞에서 말한 차가움의 관념처럼 나에게 아무런 실재적인 것을 보여주지 못한다고까지 지어낼 수는 없다. 나아가 이 관념은 가장 맑고 또렷하다. 다시 말해 내가 실재적이고 참된 것으로서, 또 어떤 완전성을 가져오는 것으로서, 맑고 또렷하게 지각하는 모든 것이 전부 이 관념에 들어 있다. 무한한 것을 파악할 수 없다든가, 또는 신 안에는 도저히 파악할 수 없는, 아니 심지어 생각으로는 접근조차 할 수 없는 것들이 무수히 많다는 것도 문제가 되지 않는다. 다시 말해 그것은 무한한 까닭에 나에게 파악되지 않는다. 내가 바로 이것을 인식하고, 그리하여 내가 맑게 지각하는 모든 것이자 어떤 완전성을 가져온다고 알고 있는 모든 것이, 심지어 어쩌다 내가 모르는 무수한 것들까지 신 안에 형상대로 아니면 우월하게 들어 있다고 판단한다면, 내가 그로부터 얻은 관념은 내가 지닌 모든 관념들 가운데 가장 참된, 가장 맑고 또렷한 관념이 되기에 충분할 것이다.

그러나 나는 아마도 내가 인식하는 것 이상의 어떤 것이다. 그리고 내가 신에게 귀속시키는 모든 완전성들은 아직 드러나거나 현실로 이루어지지는 않았지만 나름대로 내 안에 잠재되어 있다. 다시 말해 나는 지금 내 인식이 조금씩 늘어나고 있음을 경험한다. 알다시피 내 인식이 이렇게 무한을 향해 늘어날수록 이 늘어남을 방해하는 것은 그만큼 줄어든다. 또 이렇게 늘어나고 나면 내가 이것에 힘입어 신의 나머지 완전성들을 모두 갖추지 못하리라는 법도 없다. 그리고 마침내 이와 같은 완전성들에 대한 잠재력이 이미 내게 주어져 있다면, 내가 이 완전성들의 관념을 산출하지 않을 까닭도 없으리라.

그러나 이런 일은 있을 수 없다. 우선, 내 인식이 점점 커지고, 아직 현실적이지 않은 많은 것들이 잠재력으로서 내 안에 있다는 것이 참이라 하더라도, 이런 것은 신의 관념과 어울리지 않는다. 신의 관념에는 잠재된 것이 전혀 없다. 또 점점 커진다는 것 역시 불완전성의 가장 확실한 증거이다. 게다가 나는 내 인식이 결코 현실적으로 무한하게 되지 않음을 알고 있다. 왜냐하면 그것이 아무리 끊임없이 늘어난다 하더라도, 더 이상 늘어나지 않는 경지에는 결코 이르지 못하기 때문이다. 반면에 나는 신이 현실적으로 무한하다고 판단하며, 따라서 그의 완전성에는 추가할 만한 것이 없다. 마지막으로 내가 지각하는 바에 따르면, 관념의 표상적 존재는 그저 잠재적인 존재(엄밀히 말해 아무것도 아닌 것)로부터 산출되는 것이 아니라, 오로지 현실적 존재 즉 형상적 존재로부터 산출될 수 있음을 나는 인식한다.

이 모든 것을 주의 깊게 고찰하기만 하면 자연의 빛에 따라 밝혀지지 않는 것이 없다. 그러나 내가 주의를 늦추어 감각적인 것의 그림에 정신의 눈이 흐려질 때, 나는 왜 나보다 더 완전한 존재자의 관념이 참으로 더 완전한 존재자로부터 나올 수밖에 없는지를 쉽게 떠올리지 못한다. 그러니 이어서 이 관념을 지니고 있는 나 자신이 이런 존재자가 실존하지 않아도 실존할 수 있는지를 탐구해보자.

도대체 나는 어디에서 왔을까? 물론 나 자신으로부터, 아니면 어버이한테서, 아니면 무엇이 되었든 신보다 덜 완전한 것들에서 왔을 것이다. 그보다 더 완전한 것도, 똑같이 완전한 것도 생각하거나 지어낼 수 없으니 말이다.

그러나 만일 나 자신으로부터 왔다면, 나는 의심하지도, 바라지도, 뭔가 모자라지도 않았을 것이다. 말하자면 나는 모든 완전성을 내게 주었을 것이고, 그리하여 스스로 신이 되고자 했을 것이다―사실 나에게는 이것들 가운데 몇몇 관넘이 있을 뿐이다.[39] 또 나에게 결여되어 있는 것이 지금 내가 갖고 있는 것보다 더 획득하기 어려울 것이라고 생각해서도 안 된다. 오히려 나, 곧 생각하는 것, 생각하는 실체가 아무 데서도 오지 않았다는 것은 알다시피 이 실체의 우연적 속성에 지나지 않는, 뭔지 모를 많은 것들에 대한 인식보다 훨씬 더 획득하기가 어렵다. 나아가 만일 내가 더 큰 것을 나 자신에서 얻었다면, 확실히 나는 더 쉽게 얻어지는 것들은 물론이고 내가 신의 관념에 담겨 있다고 지각하는 것들까지 일절 거부하지 않았을 것이다. 보다시피 하기에 더 어려운 일이 없기 때문이다. 만일 하기 더 어려운 일이 있었다면, 나는 거기서 내 능력의 한계를 경험했을 것이고, 그런 만큼 그것은 나에게 확실히 더 어려워 보였을 것이다.

또한 내가 지금 있는 것처럼 항상 있었으며, 그래서 내 실존의 작자를 찾을 필요가 없다고 가정하더라도, 이 논거의 압박에서 벗어날 수 없다. 다시 말해 삶의 모든 시간은 무수히 많은 부분으로 나누어질 수 있고, 이 낱낱의 부분들은 어떤 식으로도 서로 기대어 있지 않으며, 어떤 원인이 나를 이를테면 다시 이 순간에 창조하지 않는다면, 즉 나를 보존하지 않는다면, 내가 방금 전에 실존했다는 것으로부터 지금 실존하는 것이 틀림없다는 결론은 도출되지 않는다. 사실 시간의 본성에 주목하는 사람에게는 명백한바, 무엇이든 낱낱의 순간을 지속하는 어떤 것을 보존하는 데에 드는 힘과 작 49

용은, 아직 실존하지 않는 것을 새롭게 창조하는 데에 드는 것과 똑같다. 따라서 보존과 창조는 자연의 빛에 따라 밝혀지는 것 가운데 하나지만, 〔실재적으로는 구분되지 않고〕 단지 이성적으로만 구분될 뿐이다.[40]

그러므로 이제 나는 지금 존재하고 있는 나를 조금 뒤에도 존재하게 할 수 있는 힘을 갖고 있는지 자문해야 한다. 말하자면 나는 다름 아닌 생각하는 것이기 때문에, 아니 엄밀히 말해서 나는 지금 나의 일부로서 생각하는 것만을 다루기 때문에, 만일 그런 힘이 나한테 있었다면 나는 틀림없이 그것을 의식했을 것이다. 그러나 나는 그렇지 않다는 것을 경험하며, 또한 바로 이 사실로부터 내가 나와는 다른 어떤 존재자에 기대어 있다는 것을 더없이 명백하게 인식한다.

그런데 어쩌면 그 존재자는 신이 아닐 수도 있고, 나는 어버이나 아니면 무언가 신보다는 덜 완전한 다른 원인으로부터 산출되었을 수도 있다. 그러나 이미 앞에서 말했다시피 원인이 적어도 결과가 담고 있는 것과 똑같은 크기의 것을 담고 있어야 한다는 것은 명백하다. 따라서 나는 생각하는 것이자 신에 대한 특정한 관념을 지닌 것이기 때문에, 내가 아무리 어떤 종류의 것으로 내 원인을 지어낸다 하더라도, 적어도 그것은 생각하는 것이며 나아가 신에 속한 모든 완전성들의 관념을 지닌 것이다. 이것은 인정되어야 한다. 여기서 다시 물을 수 있다. 이 원인은 저 자신한테서 왔는가, 아니면 다른 것에서 왔는가? 만일 그것이 저 자신한테서 왔다면, 앞서 말한 것에 따라 그것은 신 자신일 수밖에 없다. 왜냐하 면 그것이 스스로 실존하는 힘을 갖고 있다면, 그것은 의심 의 여지 없이 모든 완전성들을—신에게는 이것들의 관념이 있다—즉 내가 신 안에 들어 있다고 파악하는 모든 것들을 현실적으로 소유하는 힘도 갖고 있을 것이기 때문이다. 그러 나 그것이 만일 다른 것에서 왔다면 한 번 더 물을 수 있다. 이 다른 것은 저 자신한테서 왔는가, 아니면 다른 것에서 왔 는가? 이렇게 계속 물어가면 마침내는 궁극적인 원인에 도 달할 것인데, 이러한 원인이 바로 신이다.

그리고 이때 무한하게 나아갈 수 없다는 것은 아주 분명하 다. 특히 여기서는 전에 나를 산출한 원인은 물론, 특히 현재 의 시점에 나를 보존하고 있는 원인을 다루고 있기 때문이다.

또 이렇게 지어내서도 안 된다. 많은 부분적 원인들이 나 를 만들어내기 위해 참여했다. 이 원인에서는 신에게 귀속 되는 완전성들 가운데 하나의 관념을 받았고, 저 원인에서 는 다른 완전성의 관념을 받았다. 그리하여 그 모든 완전성 은 우주 곳곳에서 발견되지만, 신이라고 하는 하나의 장소에 모두 결합되어 있는 것은 아니다. 그렇기는커녕 신이 지니고 있는 모든 것 가운데 단일성, 단순성 곧 나뉘지 않음이야말 로 내가 신 안에 들어 있다고 파악하는 주요 완전성들 가운 데 하나이다. 그리고 이 모든 완전성 가운데 단일성의 관념은 내가 다른 완전성들의 관념들을 얻게 된 어떤 원인이 없었다면 내 안에 자리 잡지 못했을 것이다. 다시 말해 이 원인이 나로 하여금 이것들이 도대체 무엇인지를 인식하게 할 수 없었더라면, 이것들이 결합되어 있을 뿐 아니라 나뉠 수 없다는 것 또한 인식하게 할 수 없었을 것이다.

마지막으로 어버이에 관해 말하자면, 내가 지금까지 어버이에 대해 생각했던 모든 것이 여전히 참이라고 하더라도, 그들은 사실 나를(=나의 실존을) 보존하고 있지 않으며, 또 나는 생각하는 것인 만큼 결코 나를 만들어내지도 않았다. 그러나 판단컨대 내가 지금 유일하게 나로서 받아들이고 있는 나, 즉 정신은 어떤 물질(=몸)에 깃들어 살며, 어버이는 이러한 물질 속에 특정한 기질을 넣어주었을 뿐이다. 그러니 여기에 무슨 난점이 있을 리 없다. 모든 점을 헤아려 결론짓자면, 내가 실존하고 있다는 사실, 가장 완전한 존재 곧 신에 대한 특정한 관념이 내게 있다는 바로 이 사실로부터, 신 또한 실존한다는 것이 더없이 명백하게 증명된다.

이제 남은 것은 내가 이 관념을 어떤 방식으로 신한테서 받아들였는지를 검토하는 일뿐이다. 물론 이것은 감각으로부터 얻은 것이 아니며, 또 감각적 사물의 관념이 외부 감각 기관에 나타날 때 (아니면 나타난다고 여겨질 때) 자주 그러하듯, 그렇게 느닷없이 내게 다가온 것도 아니다. 또 이것은 내가 만들어낸 것도 아니다. 다시 말해 나는 이 관념에서 무언가를 제거할 수도, 추가할 수도 없다. 그러므로 남은 방식은, 내가 나 자신의 관념을 타고났듯이, 그 관념 또한 타고났다는 것이다.

마치 예술가가 자기 작품에 이를테면 도장을 찍어놓듯이, 신이 나를 창조할 때 내 안에 그 관념을 넣어주었다는 것은 전혀 놀랄 일이 아니다. 게다가 이 도장이 바로 그 작품일 수도 있다. 오히려 신이 나를 창조했다는 이 한 가지 사실 덕에, 내가 어찌어찌 신의 그림 및 닮은꼴로 만들어졌다는 것, 또 나 자신을 지각하는 것과 똑같은 능력을 가지고 신의 관념이 담긴 이 닮은꼴을 지각한다는 것은 상당히 믿을 만한 사실이 된다. 즉, 정신의 눈이 나 자신을 향해 있는 동안 나는 내가 불완전한 것이고, 다른 것에 의존하는 것이며, 점점 더 큰 것과 더 좋은 것을 바라는 것임을 인식하는 한편, 내가 의존해 있는 자는 이 더 큰 것 모두를 한정 없이 잠재적으로 가지고 있을 뿐 아니라 사실상 무한하게 가지고 있다는 것, 따라서 이것은 신이라는 것까지 인식한다. 또 이 논증 전체는 다음과 같은 점에서 설득력을 얻는다. 즉 만일 신이 참으로 실존하지 않는다면, 나는 이렇게 '나는 있다'(곧 '나는 신의 관념을 52 지니고 있다')고 하는 본성을 지닌 자로서 실존할 수 없다. 이르건대, 나는 신의 관념을 지니고 있으며 바로 이 신은 내가 [완전히] 품을 수 없지만 생각으로써 어느 정도 다가갈 수는 있는 모든 완전성들을 지니고 있다. 또 그는 어떤 결함에도 얽매이지 않는다. 이러한 사실들로부터 신은 사기꾼이 아니라는 것이 충분히 밝혀졌다. 다시 말해 모든 사기와 속임은 어떤 결함에 달려 있다. 이는 자연의 빛에 따라 명백하다.

이런 것을 더 주의 깊게 검토하기 전에, 또 이로부터 도출되는 다른 진리를 고찰하기 전에, 여기서 잠시 신을 바라보고, 그의 속성들을 헤아리며, 내 정신의 눈이 멀 정도로 막대한 이 빛의 아름다움을 통찰하고 경탄하며 우러르는 것이 좋겠다. 다시 말해 우리가 오직 신의 장엄함을 바라볼 때 신앙으로써 저세상의 지복이 있음을 믿는 것과 마찬가지로, 우리는 지금 이 성찰로써, 비록 훨씬 덜 완전하긴 하지만 이 삶에서 얻을 수 있는 최대한의 기쁨을 누릴 수 있음을 경험하고 있다.

참과 거짓에 관하여

나는 지난 며칠 동안 정신을 감각에서 떼어내는 데에 아주
익숙해졌고, 또 몸을 가진 것들에 대해서는 참되게 지각되는 53
것이 매우 적지만, 인간 정신에 대해서는 많은 것이, 신에 대
해서는 더 많은 것이 인식된다는 것을 아주 조심스레 눈여겨
보았다. 그 결과 이제는 상상되는 것으로부터 지적인 것, 곧
모든 물질로부터 분리된 것으로 생각을 돌리는 데에 아무런
어려움도 없다. 그리고 인간 정신이 생각하는 것인 한, 길이,
넓이, 깊이로 펼쳐져 있지 않은 것, 또 신체로부터는 몸을 가
진 것의 관념 말고는 아무것도 얻지도 않은 것인 한, 나는 인
간 정신에 대한 더없이 또렷한 관념을 가지고 있다. 또 내가
나는 의심한다는 것, 즉 나는 불완전한 의존적 존재자라는
것에 주목하면, 나에게는 완전한 독립적 존재자, 곧 신에 대
한 맑고 또렷한 관념이 떠오른다. 또 나는 그런 관념이 내게
있다, 곧 그런 관념을 지니고 있는 내가 실존한다는 바로 이
사실로부터 신이 실존한다는 것과 내 실존 전체가 매 순간

그에게 달려 있다는 결론을 분명하게 이끌어낸다. 인간 지성에 이보다 더 명백하고 확실하게 인식되는 것은 없다 싶을 만큼 분명하게 말이다. 보다시피 나는 이제 모든 지식과 지혜의 보고인 참된 신을 바라보는 데에서 그 밖에 다른 사물들을 인식하는 데로 나아가는 길을 바라보고 있다.

먼저, 내가 아는 바에 따르면 신이 나를 속이는 일은 불가능하다. 다시 말해 모든 기만이나 속임수에는 어떤 불완전성이 있다. 속일 수 있다는 것은 똑똑함이나 능력 있음의 증거처럼 보이지만, 사실 속이려 하는 것부터가 악의나 연약함을 드러낸다. 그러므로 이것은 신에 속하지 않는다.

다음으로, 나는 내 안에 어떤 판단 능력이 있음을 경험하는데, 나는 확실히 이것을 내 안에 있는 다른 모든 것들처럼 신으로부터 받았다. 또한 그는 나를 속이려 하지 않을 것이기 때문에, 내가 올바로 사용하는데도 언젠가 잘못할 만한, 그런 능력을 내게 주었을 리 없다.

이로부터 '그러므로 나는 결코 잘못할 수 없다'는 것이 귀결되는지 몰랐다면, 나는 이 전제에 관해 아무 의심의 여지도 남기지 않을 뻔했다. 물론 내가 내게 있는 모든 것을 신으로부터 얻었고 신이 내게 잘못할 만한 능력을 주지 않았다면, 나는 결코 잘못할 수 없는 것처럼 보인다. 나아가 오직 신만을 생각하고 온통 그를 향해 있는 한, 내가 오류나 잘못의 원인을 품는 일은 불가능하다. 그러나 잠시 뒤 나 자신에게

돌아서면, 나는 무수히 많은 오류에 얽매여 있음을 경험한
다. 이러한 오류의 원인을 고찰하는 동안 나는 깨닫는다. 내
게는 신(곧 가장 완전한 존재자)에 관한 실재적이자 긍정적인
관념뿐 아니라, 이를테면 아무것도 아닌 것(곧 모든 완전성으
로부터 가장 멀리 있는 것)에 관한 부정적 관념 또한 나타난다.
나는 신과 아무것도 아닌 것 사이, 곧 가장 높이 있는 것과 헛
것 사이에 이른바 중간자처럼 놓여 있다. 따라서 내가 최고
의 존재자에 의해 창조되었다는 점에서는 내 안에 나를 속이
거나 오류로 끌어당기는 것이 결코 없겠지만, 내가 아무것도
아닌 것, 곧 헛것에 일정 정도 참여하고 있다는 점에서는, 다
시 말해 나 자신이 가장 높이 있는 것이 아니라는 점에서는
많은 것들이 부족하며, 그런 만큼 내가 잘못하는 것은 놀랄
일이 아니다. 그러므로 나는 이제 확실히 인식한다. 오류는
어디까지나 오류로서, 신에 의존하는 어떤 실재적인 것이 아
니라 단지 하나의 결함일 뿐이다. 그러니 내가 잘못하는 데
에는 신이 오류를 위해 쓰라고 정해놓은 능력이 필요한 것
이 아니다. 오히려 내가 잘못하는 일은 내가 신으로부터 얻
은, 참된 것을 판단하는 능력이 내 안에서 무한하지 않기 때
문이다.

　그러나 아직은 이것을 전적으로 확신할 수 없다. 왜냐하면 55
오류란 어떤 순수한 부정이 아니라, 나에게 어찌어찌 있어야
했던 인식의 결여, 곧 결함이기 때문이다.[41] 그리고 신이 내

게 어떤 능력을 심어두었는데, 이 능력이 애초부터 완전하지 않다, 즉 고유한 어떤 완전성을 잃어버렸다는 것은 알다시피 신의 본성상 불가능하다. 예컨대 제작자는 숙련될수록 그만큼 완전한 작품을 만들 수 있을 터, 하물며 삼라만상의 최고 창조자가 만들어낸 것이 어찌 모든 점에서 절대적이지 않겠는가? 신은 내가 결코 잘못하지 않도록 창조할 수 있었다는 것도 의심할 수 없다. 그는 언제나 가장 좋은 것을 원한다는 것도 의심할 수 없다. 그렇다고 설마 내가 잘못하는 것이 잘못하지 않는 것보다 더 나을 텐가?

이것을 더 주의 깊게 살펴보는 동안 우선은 이런 생각이 든다. 신이 까닭 모를 일들을 일으킨다 해도 놀라지 말아야 한다. 또 신이 왜 혹은 어떻게 이루었는지를 헤아릴 수 없는 여러 가지 일들을 어쩌다 겪는다 해도 그의 실존을 의심하지 말아야 한다. 다시 말해 만일 내가 나의 본성은 아주 흔들리기 쉽고 제한되어 있는 반면 신의 본성은 막대하고 헤아려지지 않고 무한하다는 것을 안다면, 이로부터 나는 신이 까닭 모를 수많은 일들을 일으킬 수 있다는 것 또한 충분히 안다. 나아가 이 한 가지를 근거로 삼아 주장하건대, '목적'에서 구하곤 하는 온갖 원인들은 자연학의 문제들에 쓸모가 없다. 아닌 게 아니라 내가 신의 목적을 찾아낼 수 있다고 생각하는 것부터가 무모한 짓이다.

이런 생각도 든다. 신의 작품들이 완전한지 아닌지를 탐구할 때는 언제나 우주 전체를 두루 살펴야지, 어떤 피조물 하나를 따로 떼어 고찰하면 안 된다. 아마도 과언은 아닐 터, 혼자 있을 때 대단히 불완전해 보이는 것도 세계 속에 한 부분으로서 자리를 얻으면 더없이 완전하다. 모든 것을 의심하리라 결심한 이후로 내가 지금까지 확실한 것으로 인식한 것은 오로지 나의 실존과 신의 실존뿐이다. 그렇지만 신의 막대한 능력을 깨달은 이상, 나는 부인할 수 없다. 신은 다른 많은 일들을 일으켰고, 아니 적어도 일으킬 수 있고, 그런 만큼 나는 전 우주에 한 부분으로서 자리를 얻는다.

나아가 나 자신에게 더욱 다가가서, (내게 어떤 불완전성이 있음을 입증하는 유일한 것으로서의) 오류란 도대체 어떤 종류의 것인지 탐구할 때, 나는 이렇게 깨닫는다. 오류는 동시에 참여하는 두 가지 원인에 좌우된다. 즉 내가 지닌 인식 능력과 선택 능력, 곧 자유로운 결단arbitrium libertum, 한마디로 지성과 의지에 좌우되는 것이다. 다시 말해 나는 오로지 지성에 의해서만 관념들을 지각하고, 바로 이 관념들에 관해서 나는 판단을 내릴 수 있다. 이렇게 엄밀하게 고찰해보면 오류는 애초부터 지성 안에서 발견되지 않는다. 내가 관념을 얻지 못한 사물들이 아마도 무수히 실존할 테지만, 나는 그런 관념을 잃었다고 말해서는 안 되며, 그저 부정적으로, 나는 그것이 없다고 말해야 한다. 왜냐하면 신이 나에게 준 것보다 더 큰 인식 능력을 주어야 했다는 것을 증명할 만한 아무런 근거도 없기 때문이다. 그리고 내가 아무리 신을 숙련된 제작자로 인식한다 하더라도, 이 때문에 그가 몇몇에게 넣어두었을 만한 모든 완전성을 자기 작품 하나하나에 주어야만 했다고 생각하지는 않는다. 신이 나에게 충분히 막대하고 완전한 의지, 곧 자유로운 결단을 허락하지 않았다며 불평해서도 안 된다. 나는 오히려 의지가 어떤 울타리 안에 갇혀 있지 않음을 내 안에서 분명히 경험한다. 또 내가 보기에 57 대단히 주목해야 할 것은, 내 안에 의지만큼 완전하고 큰 것은 없으며, 그래서 나는 의지를 지금 있는 것보다 더 완전하거나 더 큰 것으로 생각할 수 없다는 것이다. 예컨대 인식 능력을 고찰해보면, 나는 곧바로 이것이 내 안에서는 아주 작고 유한하다는 것을 깨달음과 동시에 이것보다 훨씬 큰, 즉 가장 크고 무한한 능력에 대한 관념을 형성하고, 또 내가 이런 능력의 관념을 형성할 수 있다는 것으로부터 이것이 신의 본성에 속한다는 것 또한 인식한다. 같은 방식으로 기억력이나 상상력, 아니면 무엇이든 다른 능력을 검토해보면, 내 안에서는 약하고 제한되어 있는 능력이 신 안에서는 더할 수 없을 만큼 큰 것으로 인식된다는 것을 나는 확실히 알게 된다. 의지 곧 결단의 자유, 이것은 내가 내 안에서 더 큰 것의 관념을 포착할 수 없을 만큼 큰 것으로 경험하는 유일한 것이다. 그런 한에서 특히 이것은 내가 신에 대한 어떤 그림 및 닮은꼴을 지니고 있음을 인식하는 근거가 되기도 한다. 다시 말해 의지는 내 안에서보다 신 안에서 비할 나위 없이 더 크다 하겠지만, 그럼에도 불구하고 한편에서는 인식 능력과 잠재력 때문에―이것들은 의지와 결합되어 있고 의지를 더욱 강화하고 작용력을 증대시킨다―또 한편에서는 의지의 대상과 관련하여 수많은 대상들로 펼쳐지기 때문에, 있는 그대로 엄밀히 고찰해보면 더 크지 않은 듯하다. 왜냐하면 의지는 오직 우리가 똑같은 일을 할 수도, 안 할 수도 있다는 데에, 즉 긍정하거나 부정하고, 추구하거나 기피할 수 있다는 데에 존립하기 때문이다. 아니 오히려 의지는 오직 우리가 지성으로부터 제시된 것을 어떤 외부의 힘에 의해 결정되지 않았다고 느끼면서 긍정이나 부정, 추구나 기피를 취하게 되는 데에 존립하기 때문이다. 내가 둘 중 아무 쪽으로나 이끌릴 수 있다는 것 또한 내가 자유롭다는 것에 도움이 되지 않 58 는다. 거꾸로 어느 한쪽으로 기울어질수록 내가 그쪽에서 참되고 좋은 근거를 명백하게 인식했기 때문이든, 신이 내 생각 속을 그렇게 설계했기 때문이든, 나는 더욱더 자유롭게 그쪽을 선택하는 것이다. 신의 은총은 물론이고 자연의 인식 또한 결코 자유를 감소시키지 않으며, 오히려 증대시키고 강화한다. 그런데 어떠한 근거도 나를 어느 한쪽으로 더 몰고 가지 않을 때 경험하는 저 차이 없음indifferentia이란 가장 낮은 등급의 자유이며, 의지의 완전성을 입증하기는커녕 그저 인식의 결함, 곧 어떤 부정을 입증할 뿐이다. 즉 내가 무엇이 참되고 선한지 언제나 훤히 알고 있다면, 나는 무엇을 판단해야 하고 선택해야 할지 결코 망설이지 않을 것이고, 그리하여 내가 아무리 자유롭다고 하더라도 결코 차이 없다는 투로는 있지 않을 것이다.

그런데 이로부터 깨달은바, 신으로부터 받은 내 의지력은 그 자체로 볼 때 내 오류의 원인이 아니다. 다시 말해 그것은 더할 수 없이 광대하고, 애초부터 완전하다. 인식력 또한 오류의 원인이 아니다. 다시 말해 나는 내가 인식하는 모든 것을 인식하는 바대로 신한테서 얻었기 때문에 의심의 여지 없이 올바로 인식하며 이런 경우에는 내가 그르칠 리도 없다. 그렇다면 나의 오류는 어디에서 비롯되는가? 물론 이 한 가지에서, 즉 의지가 오성보다 더 넓게 열려 있는데도 내가 의지를 지성의 한계 안에 가두지 않고 오히려 인식하지 않은 것들에까지 확장시키는 일에서 비롯된다. 이런 것들에 대해 의지는 차이 없다는 투로 있기 때문에 참되고 좋은 것에서 쉽사리 벗어나며, 그리하여 나는 속기도 하고 잘못하기도 한다.

예를 들어, 나는 지난 며칠 동안 무언가가 세계에 실존하는지를 검토하고 또 이것을 검토한다는 바로 그 사실로부터 내가 실존함이 명백히 귀결된다는 사실을 깨달았을 때, 이만큼 맑게 인식된 것은 참이라고 판단할 수밖에 없었다. 이는 내가 어떤 외부의 힘에 의해 그쪽으로 내몰렸기 때문이 아니라, 지성 속의 커다란 빛이 의지를 크게 기울도록 이끌었기 때문이다. 그리하여 내가 그쪽에 차이 없는 투를 덜면 덜수록 나는 그만큼 더 마음대로 자유롭게 그것을 믿었던 것이다. 그런데 지금 나는 내가 어떤 생각하는 것으로서 실존한다는 것을 알고 있을 뿐 아니라, 어떤 몸의 본성에 대한 관념 또한 떠올리며, 또 내가 지닌, 아니 나 자신으로서의 생각하는 본성이 이 몸의 본성과 다른 것인지, 아니면 둘이 같은 것인지 의심하게 된다. 그리고 나를 둘 중 어느 한쪽으로 설득하는 근거가 아직 내 지성에 떠오르지 않는다고 가정한다. 확실히 바로 이 때문에 나는 둘 중 아무 쪽이나 긍정하거나 부정하는, 아니면 아무 쪽도 판단하지 않는, 차이 없는 투가 된다.

그러나 실제로 이러한 차이 없음은 지성이 아무것도 인식하지 않은 대상들을 넘어, 의지가 숙고하고 있는 바로 그때에 지성이 충분히 명증하게 인식하지 않은 모든 대상들에까지 두루 확장된다. 다시 말해 아무리 그럴싸한 추측이 나를 어느 한쪽으로 끌고 간다 하더라도, 내가 이것은 어디까지나 추측이요, 의심의 여지 없이 확실한 추론이 아니라는 것만을 인식한다면, 이런 인식은 내가 다른 쪽을 긍정하도록 설득하기에 충분하다. 이는 요 며칠간 내가 충분히 경험한 것이다. 그동안 나는 전에는 더없이 참된 것으로 믿었던 것이 어찌어찌 의심스럽다는 것을 알아냈다는 한 가지 이유로, 그 모두를 아예 그릇된 것으로 가정했던 것이다.

그런데 내가 무엇이 참인지를 충분히 맑고 또렷하게 지각하지 않을 때 만일 판단을 보류한다면, 명백히 나는 올바로 처신하고 있으며, 또한 속지 않는다. 그러나 이것을 긍정하거나 부정하면, 이때 나는 결단의 자유를 잘못 사용하는 것이다. 나아가 내가 그릇된 쪽을 선택할 경우 잘못을 저지를 것은 뻔하다. 그러나 내가 다른 쪽을 쥐어서 운 좋게 진리와 마주쳤다 하더라도, 이 때문에 책임을 면하게 되는 것은 아니다. 왜냐하면 지성의 지각은 언제나 의지의 결정보다 앞서야 하기 때문이다. 이는 자연의 빛에 따라 명백하다. 그리고 오류의 형식을 이루는 저 결여는 이렇게 결단의 자유를 잘못 사용할 때 발견된다. 이르건대, 결여는 내게서 비롯된 바로 이 작용 안에서 발견되지, 신에게 받은 능력 안에서도, 나아가 신에 기대어 있는 작용 안에서도 발견되지 않는다.

그리고 사실 나는 신이 나에게 더 큰 인식력, 곧 더 큰 자연의 빛을 주지 않았다고 불평할 이유가 없다. 왜냐하면 많은 것을 인식하지 못한다는 것은 유한한 지성의 본질에 속하고, 그것이 유한하다는 것은 창조된 지성의 본질에 속하기 때문이다. 이는 오히려 내가 감사할 일이다. 그는 내게 한 번도 빚진 적이 없는데 그것을 베풀었던 것이다. 그가 주지 않은 것들을 내가 그로 인하여 잃게 되었다거나 그가 내게서 없앴다고 생각할 일이 아니다.

나아가 나는 신이 나에게 의지를 지성보다 더 넓게 열려

60

있는 채로 주었다고 불평할 이유도 없다. 다시 말해 의지는 오직 하나의 것으로, 이른바 나뉘지 않는 것으로 존립하기 때문에, 보다시피 의지로부터 무언가 제거된다는 것은 의지의 본성상 불가능하다. 또 의지가 광대하면 할수록 나는 그만큼 더 큰 감사를 신에게 표해야 한다.

끝으로 신이 내게 참여하는 탓에 의지의 그릇된 활동, 곧 그릇된 판단이 일어난다고 불평해서도 안 된다. 즉 의지의 활동은 신에 의존하는 한 전적으로 참되고 좋다. 그리고 어찌 보면 내가 이런 활동을 일으킬 수 없을 때보다는 일으킬 수 있을 때에 나는 더 큰 완전성을 지닌다. 그러나 오류와 과오의 형식적 근거는 오직 결여에 있으며, 이러한 결여는 신의 참여를 필요로 하지 않는다. 왜냐하면 결여는 실재적인 것이 아니고, 또한 신이 오류의 원인인 양 언급될 때에는 결여가 아니라 단지 부정이라고 일컬어져야 하기 때문이다. 다시 말해 신은 어떤 대상들에 대한 맑고 또렷한 지각을 내 지성에 넣어두지는 않았지만, 이것들에 대해 긍정하거나 긍정하지 않을 자유를 나에게 주었다는 것은 신에게는 불완전성이 전혀 없다는 뜻이다. 반면에, 내가 이 자유를 잘못 사용하고 내가 정확히 인식하지 않은 것에 대해 내가 판단을 내린다는 것은, 내게 확실히 불완전성이 있다는 뜻이다. 그렇지만 알다시피 내가 아무리 자유로운 상태로 유한한 인식을 지니고 있어도 결코 실수하지 않도록 만드는 것은 그에게 간단

61

한 일이었으리라. 예컨대 신이 내 지성 속에, 내가 언젠가 숙고하게 될 것들에 대한 모든 맑고 또렷한 지각을 넣어두기만 했다면, 혹은 맑고 또렷하게 인식하지 않은 것에 대해서는 판단을 내리면 안 된다는 것을 내가 결코 잊을 수 없을 만큼, 그가 내 기억 속에 단단히 새겨두기만 했다면 나는 결코 실수하지 않았을 것이다. 또한 신이 나를 이렇게 만들었다면 나는 하나의 전체로서 볼 때 지금의 나보다 더 완전했으리라고 생각하기 쉽다. 그러나 이 때문에 우주 전체가 천편일률적일 경우보다는, 〔지금처럼〕 일부는 오류를 면하고 일부는 범하고 있을 때에 더 많은 완전성을 포함한다는 것을 부인할 수 없다. 또 나에게는 신이 세상에서 가장 고귀하고 완전한 역할을 내게 맡기려 하지 않았다는 것에 대해 불평할 권리도 없다.

그리고 그 밖에도, 오류를 방지하는 데는 내가 숙고하게 될 모든 것을 명백히 지각하는 것이 최선책이나, 이런 식으로는 가능하지 않다. 차선책은 어떤 것의 진리가 밝혀지지 않을 때는 언제나 판단을 보류해야 한다는 것을 기억하는 것인데, 이런 식으로는 가능하다. 즉 나는 내 안에 어떤 흔들리기 쉬운 본성을 경험하지만, 주의 깊은 성찰을 자주 되풀이하고 필요할 때마다 그 인식을 떠올림으로써 오류에 빠지지 않는 습관을 얻게 되는 것이다.

인간의 가장 크고 중요한 완전성은 바로 이런 점에 있기 때문에, 보다시피 나는 오류와 거짓의 원인을 탐구한 오늘 성찰을 통해 적지 않은 수확을 얻었다. 그리고 그 원인은 사실 내가 해명한 것이 전부이다. 즉 판단을 내릴 때 지성이 맑고 또렷하게 보여주는 것까지만 의지가 확장되도록 묶어둔다면, 우리가 오류를 범하는 일은 결코 없을 것이다. 왜냐하면 모든 맑고 또렷한 지각은 의심할 바 없이 어떤 것이고, 따라서 어떤 것도 아닌 것으로부터는 비롯되지 않는다. 그런데 이것의 작자는 반드시 신이다. 가장 완전한 자로서, 속임과는 모순을 일으키는 신 말이다. 그러므로 맑고 또렷하게 인식된 것은 의심의 여지 없이 참이다. 또 나는 오늘 오류를 범하지 않기 위해 조심해야 할 것과 더불어, 진리에 도달하기 위해 무엇을 해야 하는지도 알게 되었다. 다시 말해 내가 완전하게 인식한 것에 충분히 주의를 기울이고, 이것을 헷갈리고 흐릿하게 파악한 것과 분리시키기만 한다면, 틀림없이 진리에 도달할 것이다. 나는 앞으로 이를 위해 각별히 노력하리라.

물질적인 것의
본성에 관하여,
그리고 다시 신에 관하여

—

그는 실존한다

신의 속성에 대해, 또 나 자신 곧 내 정신의 본성에 대해 탐
구해야 할 것이 아직 많이 남아 있다. 하지만 다음 기회로 미
루겠다. 진리에 도달하기 위해 무엇을 피해야 하고 또 무엇
을 해야 하는지 깨닫고 난 지금 나에게 더없이 시급한 일은
지난 며칠 동안 빠져 있던 의심에서 벗어나, 물질적인 것에
대해 무언가 확실한 것을 얻을 수 있는지를 살펴보는 것이다.

그러나 어떤 물질적인 것이 내 바깥에 실존하는지를 검토
하기에 앞서, 나는 우선 내 생각 속에 있는 물질적인 것의 관
념을 고찰하고, 이런 관념 가운데 도대체 어느 것이 또렷하
고, 어느 것이 헛갈리는지를 살펴보아야 한다.

예를 들어, 나는 분량quantitas을 또렷하게 표상한다. 철학
자들은 흔히 이것을 '연속적'이라고 말한다. 분량은 이런 연
속량의 펼침, 아니, 정확히 말해서 길이, 넓이, 깊이로 분량
을 지닌 것의 펼침이다. 나는 거기에서 다양한 부분들을 셈
하여, 각각의 부분에 크기, 모양, 장소 및 위치 운동을 할당하

고, 또한 각각의 운동에 지속을 할당한다.

일반적으로 볼 때 이것들은 내게 잘 알려지고 훤히 들여다보일 뿐만 아니라, 주의를 기울이면 모양, 수, 운동 등에서도 무수히 많은 개별적인 것들을 지각한다. 이 점에서 이것의 진리는 아주 명증하고 내 본성과도 잘 어울려서, 내가 이런 것을 처음 발견할 때 무언가 새로운 것을 배우고 있다기보다는 이미 전에 알고 있었던 것을 되새기는 듯, 다시 말해 진작부터 내게 있었건만 이전에는 정신의 시야로 불러온 적이 없는 것을 이제야 비로소 처음으로 마주하는 듯 여겨질 정도이다.

내 생각에 여기서 특히 고려해야 할 것은, 어쩌면 내 바깥 어디에도 실존하지 않을지 모르나, 그렇다고 아무것도 아니라고는 말할 수 없는 것에 대한 수많은 관념들이 나한테서 아주 많이 발견된다는 점이다. 이것들은 내가 어느 정도 자의적으로 생각하는 것들이기는 하지만, 그렇다고 내가 지어낸 것들은 아니고, 오히려 제 나름의 참되고 불변하는 본성을 지니고 있는 것들이다. 예컨대, 만일 내가 삼각형을 상상한다면, 이 도형은 내 생각 밖의 세계 어디에도 실존하지 않고 지금까지 실존한 적이 없는데도, 변하지 않는 영원한 제 본성, 곧 형상이나 본질을 지니고 있으며, 이러한 본성은 내가 지어낸 것도 아니고, 내 정신에 좌우되는 것도 아니다. 이는 삼각형의 여러 가지 고유성들이 증명된다는 점에서 명백

64

하다. 예컨대 삼각형의 세 각은 두 직각과 같다, 가장 긴 변은 가장 큰 각을 마주한다 등등. 내가 전에는 삼각형을 상상하면서 이것들에 관해 결코 생각한 적이 없었다 하더라도, 원하든 원치 않든 나는 지금 이것들을 맑게 인식하고 있다. 따라서 이것들은 내가 지어낸 것도 아니다.

'내가 종종 세모난 물체를 본 적이 있으니 삼각형의 관념은 어쩌면 바깥 것으로부터 감각 기관을 거쳐 내게 왔을 것이다' 하는 것도 심각한 반론은 아니다. 다시 말해 언젠가 감각을 거쳐 나에게 들어오지 않았을까 하고 의심할 수 없는, 수많은 다른 도형들을 나는 생각해낼 수 있지만, 아무리 생각해낸 것이라 하더라도 이것들의 다양한 고유성은 삼각형 65 의 것 못지않게 증명될 수 있다. 이 모든 것들을 내가 맑게 인식하고 있는 만큼, 이것들은 확실히 참이고, 따라서 어떤 것이며, 그저 아무것도 아닌 것은 아니다. 다시 말해 모든 참된 것은 명백히 어떤 것이다. 그리고 나는 벌써 내가 맑게 인식하는 것은 모두 참이라는 것을 자세히 증명한 바 있다. 또 설령 내가 이것을 증명하지 않았더라도, 확실히 내 정신의 본성은 적어도 내가 이것을 맑게 지각하는 동안은 이것에 전적으로 동의하지 않을 수 없다. 또한 돌이켜보면 나는 감각적 대상에 사로잡히기 전부터 언제나 이런 종류의 진리들, 즉 모양이나 수에 관해서, 또는 대수학이나 기하학, 혹은 추상적인 순수 수학에 일반적으로 속한 것들에 관해서, 내가 명백히 인식했던 진리들을 모든 진리들 가운데 가장 확실한 것으로 간주했다.

그런데 '나는 어떤 사물의 관념을 내 생각에서 끌어낼 수 있다'는 것으로부터 '내가 이 사물에 속하는 것으로서 맑고 또렷하게 지각한 모든 것은 실제로 이 사물에 속한다'는 것이 귀결된다면, 이로부터 나는 신의 실존을 증명할 수 있는 논거까지 얻을 수 있지 않을까? 확실히 나는 신, 곧 최고로 완전한 존재자의 관념을 임의의 도형이나 수의 관념에 못지 않게 내 안에서 발견한다. 또한 나는 '그가 언제나 실존한다는 것은 그의 본성에 속한다'는 것을, '내가 어떤 도형이나 수에 관해 증명한 바는 그 도형이나 수의 본성에 속한다'는 것 못지않게, 맑고 또렷하게 인식한다. 그러므로 설사 요 며칠간 성찰한 바가 모두 참이 아니라고 할지라도, 나한테서 신의 실존은 적어도 수학적 진리가 속해 있던 등급과 똑같은 등급에 속해 있는 것이 틀림없다.

물론 얼핏 보았을 때 이것은 썩 분명치 않으며, 오히려 일종의 궤변에 가깝다. 다시 말해 나는 다른 모든 것의 경우에서 본질과 실존을 구분하는 데 익숙해져 있기 때문에, 실존과 신의 본질이 분리된다고, 따라서 신이 실존하지 않는다고 생각하기 쉽다. 그러나 더 면밀히 고찰하면 밝혀지는바, 삼각형의 세 각은 두 직각과 같다는 것과 삼각형의 본질이, 또는 골짜기의 관념과 산의 관념이 분리될 수 없는 것과 마찬가지로, 실존은 신의 본질로부터 분리될 수 없다. 그런 한에서 신(가장 완전한 존재자)을 실존 없는 것(어떤 완전성이 없는 것)이라고 생각하는 것은 산을 골짜기 없는 것이라고 생각하는 것 못지않게 모순이다.

그러나 골짜기 없는 산처럼, 실존하지 않는 신은 생각조차할 수 없다는 것은 그렇다 치더라도, 확실히 골짜기 있는 산을 생각한다는 것으로부터 어떤 산이 이 세계에 실존한다는 것이 귀결되지 않는 것처럼, 신을 실존하는 것으로서 생각한다는 것으로부터 신이 실존한다는 것 또한 귀결되지 않는다. 다시 말해 나의 생각은 사물에 어떠한 불가피성necessitas도 부여하지 않는다. 또 말(馬)은 날개가 없지만 내가 날개 달린 말을 상상하는 식으로, 신은 실존하지 않지만 나는 아마도 신에게 실존을 부여할 수 있을 것이다.

아니 오히려 여기에 궤변이 있다. 내가 골짜기 없는 산을 생각할 수 없다는 것으로부터 귀결되는 것은, 산과 골짜기가 어디엔가 실존한다는 것이 아니라, 산과 골짜기는 이것들이 67 실존하든 실존하지 않든 서로 분리될 수 없다는 것이다. 반면에 내가 실존하지 않는 신을 생각할 수 없다는 것으로부터 귀결되는 것은, 실존은 신과 분리될 수 없다는 것, 따라서 신은 참으로 실존한다는 것이다. 이는 결코 내 생각이 만들어냈다거나 어떤 사물에 불가피성을 부여했기 때문이 아니라, 거꾸로 바로 그 사물의 불가피성, 즉 신의 실존이 지닌 불가피성이 내가 그렇게 생각하도록 결정해놓았기 때문이다. 다시 말해 말이 날개가 있다고 상상하든 없다고 상상하든 그것은 내 자유이지만, 실존 없는 신(최고 완전성 없는 최고 완전한 존재자)을 생각하는 것은 내 자유가 아니다.

여기서 이렇게 이야기해서도 안 된다. "내가 '신은 모든 완전성을 지니고 있다'고 전제한 뒤에는 '실존은 그것들 가운데 하나이므로 신은 실존한다'고 결론 내리는 것이 불가피하다. 그러나 앞의 명제를 전제하는 것이 불가피한 것은 아니다.[즉 추론 과정은 필연성을 지니나, 추론의 전제 자체에는 필연성이 없다.] 이는 내가 '모든 사각형이 원에 내접한다'고 믿는 것이 불가피하지 않은 것과 마찬가지이다. 하지만 내가 일단 이것을 믿는다고 전제하면, '모든 마름모는 원에 내접한다'는 것이 명백히 거짓임에도 불구하고 내가 이것을 받아들이는 일은 불가피하다." 다시 말해 내가 언젠가 신에 관한 어떤 생각을 가지게 되는 일이 불가피하지는 않더라도, 내가 제일의 최고 존재자에 대해 생각하고 이 존재자의 관념을 이를테면 내 정신의 보고로부터 길어 올릴 때마다 그 모든 완전성들을—내가 지금 모두 헤아리거나 낱낱이 집중하고 있지는 않지만—이 존재자에게 귀속시키는 일은 불가피하다. 이러한 필연성은 내가 실존이 일종의 완전성이라는 것을 깨달은 다음, 제일의 최고 존재자가 실존한다고 정당하게 결론 내리는 데에 충분한 근거가 된다. 마찬가지로, 내가 언젠가 어떤 삼각형에 대해 상상하는 일이 불가피하지는 않더라도, 내가 세 각을 가진 어떤 직선 도형을 고찰할 때마다 세 각의 합은 더도 아닌 두 직각이라고 결론짓게 해준 근거들을—내가 지금 이것들을 주목하고 있지는 않지만—이 도형에 귀속시키는 일은 불가피하다. 그러나 어떤 도형이 원에 내접할 수 있는지를 고찰할 때, 내가 모든 사각형이 원에 내접한다고 가정하는 일은 결코 불가피하지 않다. 아니 오히려 내가 맑고 또렷하게 인식하는 것 말고는 아무것도 받아들이지 않는 한, 나는 결코 이것을 상상할 수조차 없다. 그러므로 이런 종류의 그릇된 추론들과 참된 타고난 관념들 사이에는 엄청난 차이가 있다. 이러한 타고난 관념들 사이에서 으뜸가는 특별한 관념은 신에 대한 관념이다. 다시 말해 나는 신에 대한 관념이 내 생각에 좌우되는 지어낸 것이 아니라 참되고 불변하는 본성의 그림이라는 것을 여러 가지 근거를 통해 인식한다. 예컨대 우선, 본질에 실존이 속하는 것은 신밖에 없다고 생각하기 때문이다. 다음으로, 이러한 신이 둘 또는 그 이상이라고 생각할 수 없기 때문이다. 그리고 내가 지금 하나의 신이 실존한다고 전제하면, 그가 영원 전부터 실존했고 또 영원히 머물리라고 결론짓는 것은 알다시피 확실히 불가피하다. 끝으로, 나는 내가 끌어낼 수도 변화시킬 수도 없는 많은 것을 신 안에서 지각하기 때문이다.

그러나 어떤 증명 방식을 사용하더라도 내가 결국 항상 귀

68

성찰 113

착하는 곳은, 내가 맑고 또렷하게 지각하는 것만이 나를 완전히 설득한다는 것이다. 이러한 지각들 가운데에는 누구한테나 열려 있는 것들이 있는 반면, 심사숙고하는 사람한테만 발견되는 것들도 있다. 그렇지만 이것들도 한번 발견되고 나면 저것들 못지않게 확실한 것으로 간주된다. 예컨대 직각삼각형에서 '빗변의 제곱은 다른 두 변의 제곱의 합과 같다'는 것은, '빗변은 가장 큰 각과 마주 본다'는 것만큼 쉽게 드러나지는 않지만, 이것을 한번 통찰하고 나면 뒤의 것 못지않게 신뢰하게 된다. 그런데 신에 관해 말하자면, 내 정신이 선입견에 의해 흐려져 있지 않다면, 또 감각의 그림들이 내 생각을 온통 사로잡고 있지 않다면, 신보다 먼저 그리고 더 쉽게 인식되는 것은 아무것도 없다. 최고의 존재자가 있다는 것, 곧 신은 실존이 그의 본질에 속한 유일한 자로서 실존한다는 것보다 더 자명한 것이 도대체 무엇이라는 말인가?

바로 이것을 지각하기 위해 나에게는 주의 깊은 숙고가 필요했지만, 이제 나는 이것을 여느 것 못지않게 대단히 확실한 것으로서 확신할 뿐 아니라, 더 나아가 다른 모든 것들의 확실성이 이것에 좌우된다는 것, 따라서 이것 없이는 내가 그 어떤 것에 대해서도 완전히 알 수 없다는 것 또한 깨닫는다.

물론 어떤 것을 아주 맑고 또렷하게 지각하고 있는 동안은 그것이 참임을 신뢰하지 않을 수 없는 것이 내 본성이긴 하다. 하지만 그것을 맑게 지각하기 위해 내가 정신의 눈을 항상 그것에만 집중시킬 수는 없는 노릇이며, 전에 내린 판단의 기억까지 자꾸 되살아나기 때문에, 나는 나를 그렇게 판단하도록 만든 근거에 더 이상 집중하지 못한다. 만일 내가 신을 몰랐다면, 이때 다른 근거들이 제시될 것이고 이것들은 나를 그 의견으로부터 간단히 떼어냈을 것이며, 결국 나는 어떤 것에 대해서 참되고 확실한 지식은커녕, 그저 종잡을 수 없고 변덕스러운 의견만을 얻었을 것이다. 예를 들어 삼각형의 본성을 고찰할 때, 내가 기하학의 원리들에 대해 잘 알고 있는 만큼 세 각은 두 직각과 같다는 것은 나에게 더없이 명백해 보이며, 내가 이것의 증명에 집중하는 동안은 그 70것이 참임을 믿지 않을 수 없다. 그러나 그것에서 정신의 눈을 떼었을 때, 내가 그것을 맑게 지각했었노라 아무리 되새긴다 하더라도, 만일 신을 모른다면, 이내 그것이 참인지 아닌지 의심하는 일이 벌어질 것이다. 물론 나는 본성상 이렇게 내가 더없이 명백하게 지각한다고 믿는 경우에서조차 자주 잘못하도록 만들어졌다는 점을 수긍할 수 있다. 특히 내가 자주 많은 것을 참되고 확실한 것으로 간주했다가 나중에 다른 근거에 따라 그릇된 것으로 판단하곤 했음을 감안한다면 말이다.

그러나 신이 있다는 것을 깨달은 뒤, 나는 그 밖의 모든 것이 그에게 달려 있다는 것과 더불어 그는 속이지 않는다는 것도 인식했기 때문에, 이로부터 내가 맑고 또렷하게 지각하는 모든 것은 참될 수밖에 없다고 결론 내렸다. 그러므로 내가 이것이 참임을 판단하게 해준 근거들에 더 이상 집중하지 않더라도 단지 이것을 맑고 또렷하게 통찰했었다는 사실을 기억하고만 있으면, 나를 의심으로 몰아세우는 어떤 반대되는 근거도 제시되지 않는다. 오히려 나는 이것에 대해서, 그리고 그뿐만 아니라 내가 언젠가 증명했노라 기억하는 그 밖의 모든 것들, 예컨대 기하학 및 이와 비슷한 학문들에 대해서도, 참되고 확실한 지식을 얻는다. 이제는 도대체 뭐라고 반박하겠는가? 내가 이렇게 자주 잘못하도록 만들어졌다? 아니, 나는 이제 안다. 맑고 또렷하게 인식하는 것들의 경우 나는 잘못을 범할 수 없다. 내가 참되고 확실한 것으로 간주했던 다른 많은 것들이 나중에 거짓으로 결판났다? 사실 나는 이것들을 결코 맑고 또렷하게 지각하지 않았다. 오히려 이러한 진리의 규칙을 몰랐던 나로서는, 나중에 거의 견고하지 않다고 밝혀진 다른 이유로 인하여 어쩌다 믿었던 것이다. 그렇다면 뭐라고 할 것인가? 얼마 전에 나 스스로 반박했던 대로 나는 어쩌면 꿈을 꾸고 있다? 즉 내가 지금 생각하고 있는 모든 것이 내가 잘 때 떠오르는 것 이상으로 참되지는
71 않다? 아니, 이렇게 말해도 달라지는 것은 없다. 말하자면 내가 지금 꿈을 꾼다고 해도 무언가 내 지성에 명백하다면 그것은 전적으로 참이다.

그리하여 보다시피 모든 학문의 확실성과 진리는 이 한 가지, 곧 참된 신의 인식에 의존하고 있으며, 그런 만큼 그를 인식하기 전에는 나는 다른 어떤 것에 관해서도 완전하게 알 수 없었다. 그러나 이제는 가능하다. 한편에서는 바로 이 신과 그 밖의 지적인 것들에 관하여, 다른 한편에서는 순수한 인식mathesis의 대상으로서 그 모든 몸의 본성에 관하여, 나는 수없이 많은 것들을 충분히 인식하고 확신할 수 있다.

물질적인 것의 실존 및 정신과 신체의 실재적 구분에 관하여

남은 것은 물질적인 것이 실존하는지를 검토하는 일이다.[42] 그리고 적어도 내가 지금 알고 있는 것은, 이 물질적인 것은 내게 맑고 또렷하게 인식되는 만큼 순수한 인식의 대상이며, 그런 한에서 실존 가능하다는 것이다. 다시 말해 신은 의심의 여지 없이 내가 이렇게 지각하는 모든 것을 만들어낼 수 있고, 또 내 판단으로는 내가 또렷하게 지각한다는 것 자체가 모순인 것만 아니라면 그가 일으키지 못할 일은 없다. 나아가 나는 내가 이 물질적인 것을 마주하는 동안 상상력을 사용하고 있음을 경험하는데, 보다시피 이러한 상상력으로부터 물질적인 것의 실존이 귀결된다. 다시 말해 상상력이 도대체 무엇인지 더욱 주의 깊게 고찰해보면, 상상력이란, 인식 능력이 제 앞에 친밀하게 놓여 있는, 또 바로 그렇게 실존하는 몸에 특정한 방식으로 집중하는 것[43]이나 다름없다는 것이 밝혀진다.

이 점을 밝히고자 나는 우선 상상력과 순수한 지성의 차이

72

를 검토한다. 예컨대, 삼각형을 상상하면, 나는 이것이 세 변으로 둘러싸인 도형임을 인식할 뿐 아니라, 이와 더불어 정신의 눈으로 이 세 변을 마치 눈앞에 놓여 있는 양 응시한다. 이 뒤의 경우를 일컬어 '상상하다'라 한다. 반면에 천각형을 생각하려 하면, 나는 물론 삼각형이 세 변으로 이루어진 도형임을 인식하는 것처럼 천각형이 천 개의 변으로 구성된 도형임을 잘 인식하지만, 똑같은 방식으로 천 개의 변을 상상하지는 못한다. 즉 천 개의 변을 마치 눈앞에 놓여 있는 양 응시하지는 못하는 것이다. 그리고 물질적인 것을 생각할 때마다 매번 상상하는 습관 때문에 아무리 내가 지금 어떤 도형을 헷갈리게 표상한다 하더라도, 이것이 천각형이 아님은 명백하다. 왜냐하면 이 도형은 내가 만각형, 아니 원하는 만큼 변이 많은 도형을 생각할 때 표상하는 도형과 전혀 다를 바가 없으며, 또 다른 다각형과 구별되는 천각형의 고유성을 인식하는 데에 아무런 도움도 주지 않기 때문이다. 반면에 오각형은 어떠한지 묻는다면, 나는 사실 이 도형을 천각형처럼 상상력의 도움 없이 인식할 수도 있지만, 정신의 눈을 이것의 다섯 변과 이것에 둘러싸인 면에 집중함으로써 그것을

73 상상할 수도 있다. 나는 여기서 명백히 깨닫는다. 상상하는 데에는 내가 인식하는 데에 사용하지 않는 어떤 특별한 마음의 노력이 필요하다. 이 새로운 마음의 노력이야말로 상상력과 순수 지성의 차이를 훤히 밝혀주는 것이다.

이에 따라서 고찰하자면, 내가 지닌 상상하는 힘은 인식하는 힘과는 다른 만큼 나 자신, 곧 내 정신의 본질에 필수적인 것은 아니다. 다시 말해 내게 상상력이 없다 하더라도 나는 의심할 것 없이 지금의 나와 조금도 다르지 않게 머물러 있는 것이다. 보다시피 이로부터 귀결되는바, 상상력은 나와는 다른 것에 의해 좌우된다. 또 만일 정신이 들여다보고자 마음만 먹으면 곧바로 집중할 수 있을 정도로 이 정신에 잘 결합되어 있는 어떤 몸이 실존한다면, 이것을 통해 나는 몸 있는 것〔몸이 있는 실체로서의 나〕을 상상할 수 있으며, 이를 나는 쉽게 인식한다. 따라서 이 생각의 양태와 순수한 지성은 오직 다음과 같은 점에서만 구분된다. 정신은 인식하는 동안 일정하게 자기 자신과 마주하여 자신에 내재하는 어떤 관념들을 돌아본다. 반면에 상상하는 동안에는 몸을 마주하며, 거기서 자신으로부터 인식된 관념들, 아니면 감각으로써 지각된 관념들과 일치하는 무언가를 응시한다. 거듭 말하지만, 나는 상상력이 몸이 실존하는 한에서 완성된다는 것을 쉽게 인식한다. 또 상상력을 설명하는 데에 이보다 더 알맞은 방식이 떠오르지 않기 때문에, 나는 이로부터 몸이 실존한다는 것을 그럴싸하게 엮어낸다. 그러나 그럴싸할 뿐이다. 또 이 모든 것을 아무리 더 면밀히 연구한다 하더라도, 보다시피 나는 여전히 내 상상력 안에서 발견되는, 몸의 본성에 관한 또렷한 관념으로부터 몸의 실존을 필연적으로 결론짓게 하는 논거를 얻지 못한다.

74   그런데 나는 순수 인식의 대상인 몸 있는 것의 본성 외에 다른 많은 것을, 예컨대 색깔, 소리, 맛, 고통 및 이와 비슷한 것들을 상상하곤 한다. 물론 그다지 또렷하지는 않다. 또 이것들은 내게 감각을 통해 더 잘 지각되며, 기억력의 도움으로 감각으로부터 상상력에 이른 듯이 보인다. 그러므로 이것들로부터 더 많은 것들을 얻으려면, 나는 또한 감각을 주제로 삼아야 하며, 또 이른바 감각이라고 하는 생각의 양태로부터 지각되는 것들에서 몸의 실존에 대한 확실한 논거를 얻을 수 있는지도 살펴보아야 한다.

그리고 가장 먼저 나는 여기서, 내가 이전에 도대체 어떤 것들을, 이를테면 감각으로써 지각한 것들을 참되다고 여겼는지, 또 무슨 근거로 그렇게 여겼는지를 되짚어보고자 한다. 다음으로는 무슨 근거로 나중에 이것들이 의심 속으로 불러들여졌는지를 살펴보고자 하며, 마지막으로 이제는 이것들을 어떻게 신뢰해야 할지를 고찰하고자 한다.

첫째, 나는 머리, 손, 발 및 그 밖의 지체들을 가지고 있음을 감각했다. 이러한 지체들로 이루어진 몸을 나는 내 일부인 양, 아니 내 전체인 양 여기곤 했다. 나는 또한 이 몸이 다른 많은 몸들〔다른 신체들 및 물체들〕사이에 놓여 있음을 감각했다. 내 몸은 이것들로부터 갖가지 방식으로 이롭거나 해로운 영향을 받을 수 있으며, 나는 이 이로운 것을 어떤 쾌락의 감각으로, 해로운 것을 고통의 감각으로 헤아리곤 했다. 고통과 쾌락 외에도 나는 배고픔, 목마름 및 이런 종류의 다른 욕망들을 내 안에서 감각하곤 했고, 이와 더불어 기쁨을 향해, 슬픔을 향해, 노여움 및 이와 비슷한 다른 정념들을 향해 기울어지는 몸의 성향을 감각하곤 했다. 반면에 바깥으로는 몸들의 펼침, 모양, 운동, 또 단단함, 열기 및 다른 촉각 적 성질들, 나아가 빛, 색깔, 냄새, 맛, 소리까지 저 몸들에서 감각했으며, 이 다양한 성질들을 바탕으로 하늘, 땅, 바다 및 그 밖의 몸들〔=각종 전체들〕을 식별하곤 했다. 이 모든 성질의 관념들이 내 생각에 전해졌고 또 이것들만이 내가 애초에 직접 감각한 것들이라는 점을 고려할 때, 내가 내 생각과는 확연히 다른 어떤 것들, 곧 이 관념들이 비롯되는 몸들을 감각한다고 믿었던 것도 일리가 없는 것은 아니었다. 다시 말해 내 경험에 따르면, 이것들은 내 동의 없이 내게 다가오며, 이 때문에 어떤 대상이 감관에 나타나지 않으면 내가 그것을 아무리 감각하려고 해도 할 수 없고, 또 감관에 나타났다 하면 그것을 감각하지 않을 수 없다. 그리고 감각으로써 지각된 관념들은, 내가 성찰을 통해 의도적이고도 의식적으로 지어낸 것들이나 기억에 새겨진 것들로 간주한 것들보다 훨씬 더 생생하고 명백하며 나름대로 또렷하기 때문에, 그것들이 나 자신한테서 비롯되는 일은 보다시피 불가능하다. 그리하여 이제 남은 것은 보다시피 이 관념들이 나와는 다른 것들로부터 다가왔다는 것이다. 나는 나와는 다른 것들의 지식을 바로 이 관념들로부터 얻었기 때문에, 이것들이 이 관념들과 닮았다고 믿지 않을 수 없었다. 나아가 나는 감각 속에 먼저 지니고 있지 않던 관념을 결코 지성 속에 지닐 수 없다고 쉽게 확신했다. 왜냐하면 나는 이성보다 감각을 먼저 사용했음을 떠올렸고, 내가 지어낸 그 관념들은 감각으로 지각한 관념만큼 그리 명백하지 않으며 대부분의 지어낸 관념들은 여러 가지 감각한 것들로 합성되어 있음을 알고 있었기 때문이다. 또 내가 어떤 특수한 권리를 가지고 내 것이라고 불렀던 이 몸이 다른 몸들보다 더 많이 내게 속해 있다고 판결한 것에도 일리가 없지 않다. 다시 말해 나는 다른 몸들로부터 분리되어 있듯이 결코 이 몸으로부터 분리될 수 없고, 모든 욕망이나 정념을 또한 몸에서, 몸을 위해 감각했으며, 끝으로 고통과 쾌감을 몸 밖에 있는 어떤 것들이 아니라 몸의 부분들에서 감지한다. 그러나 뭔지 모를 이 고통의 감각에서 왜 마음의 슬픔이 생기며, 쾌락의 감각에서는 왜 기쁨이 생기는지, 혹은 배고픔이라고 하는 속쓰림은 왜 나로 하여금 음식을 먹게 하고, 목마름은 왜 나로 하여금 물을 마시도록 하는지, 그리고 그 밖의 것들에 관해서, 나는 그저 자연이 나에게 그렇게 가르쳤기 때문이라는 것 말고는 마땅한 근거가 없다. 다시 말해 속쓰림과 음식물을 섭취하고자 하는 의지 사이에는, 그리고 고통을 일으키는 것에 대한 감각과 이로부터 나오는 슬픔의 생각 사이에는, 적어도 내가 인식하는 바로는, 아무런 친밀함도 없다. 그러나 내가 감각적 대상에 대해 판단한 그 밖의 모든 것들은 보다시피 (이렇게 판단하기에 앞서) 자연이 나에게 가르쳐주었던 바이다. 다시 말해 이것을 증명할 만한 어떤 논거들을 저울질하기 전에, 이미 나는 그것이 그럴 만하다고 수긍했던 것이다.

그러나 이후 많은 경험들이 감각에 대한 나의 신뢰를 차츰 무너뜨렸다. 예컨대 종종 멀리서는 둥글게 보이던 탑들이 가까이서 사각형으로 드러났고, 그 위에 세워진 거대한 조각상들은 땅에서 볼 때 크지 않아 보였다. 그뿐만 아니라 나는 이러한 수많은 경우에서 외적 감각의 판단이 속았다는 것을 깨닫곤 했다. 외적 감각뿐 아니라 내적 감각 역시 그러했다. 예컨대 고통보다 내밀한 것이 있을까? 그렇지만 나는 언젠가 다리나 팔을 절단한 사람들이 그 잃어버린 신체 부위에서 지금도 가끔 고통을 느끼는 듯하다는 이야기를 전해 들었다. 따라서 내가 어떤 신체 기관에서 아무리 고통을 느낀다 하더라도, 보다시피 그곳이 나에게 고통을 주었다고 완전히 확신할 수는 없다. 여기에다 나는 최근에 더없이 일반적인 의심의 근거 두 가지를 새로 추가했다. 첫 번째 근거는 내가 깨어 있는 동안 결코 어떠한 것도 감각하지 않는다고 믿는 것이 가능하며,[44] 이러한 (깨어 있는 동안 감각하지 않은) 것을 자는 동안 감각하지 않으리라는 것 또한 믿을 수 있다는 것이었다. 또 나는 꿈속에서 감각한다고 여기는 것이 내 바깥에 놓인 것으로부터 내게 온다는 것을 신뢰하지 않으므로, 굳이 깨어서 감각한다고 여기는 것에 관해서도 그렇게 (바깥에서 온다고) 믿을 까닭은 없었다. 둘째는 나는 그때까지 내 근본의 지은이를 몰랐기 때문에(아니, 적어도 모른다고 가정했기 때문에), 내 본성이 내게 더없이 참된 것으로 드러난 것들에서조차 잘못을 범하도록 만들어져 있다는 것이 아무런 문제도 일으키지 않는 것처럼 보였다는 것이다. 그리고 내가 이전에 감각적인 것들의 진리를 확신한 까닭에 관해 말하자면, 여기에 대해서 나는 어렵지 않게 대답하곤 했다. 다시 말해 나는 보았다시피 많은 경우에 자연에 따라 이성이 반대한 쪽으로 이끌리곤 했으므로, 자연으로부터 배운 것들은 그다지 믿을 만한 것이 못 된다고 생각했다. 그리고 내 생각에, 감각적 지각이 아무리 내 의지에 좌우되지 않는다 하더라도, 이 때문에 그것이 나와는 다른 것들에서 비롯된다고 결론지을 필요까지는 없었다. 왜냐하면 어쩌면 나 자신이 내가 미처 깨닫지 못한 어떤 능력, 곧 그것의 생산력을 지니고 있을 수도 있기 때문이다.

　그러나 나 자신과 내 근본의 지은이를 더욱 잘 알아가고 있는 지금, 나는 내가 감각으로부터 얻었다고 여기는 모든 것이 덮어놓고 받아들일 만한 것도 아니지만, 그렇다고 모두 의심 속으로 불러들일 만한 것도 아니라고 생각한다.

우선, 신은 내가 맑고 또렷하게 인식하는 모든 것을 알다시피 내가 인식하는 그대로 만들 수 있기 때문에, 내가 이것이 저것과 다르다는 것을 확신하는 데에는 내가 이것을 저것 없이 맑고 또렷하게 인식한다는 것으로도 충분하다. 적어도 신은 이러한 것들을 따로따로 만들어놓을 수 있기 때문이다. 또 어느 능력이 이것들을 만들었는지는 내가 이것들을 서로 다른 것들로 간주하는 데에 별 문제가 되지 않는다. 그러므로 내가 실존한다는 것을 내가 안다는 사실로부터, 또한 동시에 내가 생각하는 것이라는 사실만이 내 본성 곧 본질에 확실히 속한다고 깨닫고 있다는 사실로부터, 나의 본질은 오로지 내가 생각하는 것이라는 사실에 존립한다고 나는 정당하게 결론짓는다. 그리고 내가 어쩌면 (아니 오히려, 뒤에서 말하는 바대로, 확실히) 나와 매우 밀접하게 결합되어 있는 몸을 지니고 있을지라도, 이쪽에서 보면 펼쳐져 있지 않은, 오직 생각하는 것으로서의 나 자신에 대한 맑고 또렷한 관념을 지니고 있고, 저쪽에서 보면 생각하지 않는, 오직 펼쳐져 있는 것으로서의 몸에 대한 맑고 또렷한 관념을 지니고 있기 때문에, 나는 내가 내 몸과는 실제로 구분되며 몸 없이도 실존할 수 있음을 확신한다.

더 나아가, 나는 내 안에서 생각의 어떤 특수한 양태들인 상상 기능과 감각 기능을 발견한다. 나는 이것들 없이도 내 전체를 맑고 또렷하게 인식할 수 있지만, 반대로 이것들은 나 없이는, 곧 이것들이 내재하는 지성적 실체 없이는 맑고 또렷하게 인식되지 않는다. 다시 말해 이것들은 제 형상적 개념 속에 지성을 내포하고 있으며, 이로부터 나는 이것들과 내가, 양태들과 한 사물처럼 구분됨을 지각한다. 나는 또한 어떤 다른 기능들, 이를테면 장소를 바꾸고 여러 가지 자세를 취하는 등의 기능들을 인식한다. 이런 기능들 역시 앞의 기능들과 다르지 않고 이것들이 내재하는 어떤 실체 없이는 인식될 수 없으며, 또 그런 만큼 실체 없이는 실존할 수 없다. 그러나 분명한 것은, 이것들이 실존한다면 인식하는 실체가 아니라 몸 있는, 곧 펼쳐져 있는 실체에 내재할 수밖에 없다는 점이다. 왜냐하면 이것들에 대한 맑고 또렷한 개념 속에는 확실히 지성이 아니라, 펼쳐져 있음이 담겨 있기 때문이다. 물론 내 안에는 어떤 수동적 감각 기능, 곧 감각적 사물의 관념들을 수용하고 인지하는 기능이 있다. 그러나 만일 이 관념들을 산출하거나 만들어내는 능동적 기능이 내 안에도, 다른 것 안에도 실존하지 않는다면, 이 수동적 기능은 아무런 쓸모가 없을 것이다. 그런데 이 기능은 전혀 지성을 전제하지 않기 때문에 확실히 내 안에 있을 수는 없고, 저 관념들은 내 협력 없이, 심지어는 자주 내 의지와는 반대로 [어디에선가] 산출되어 있다. 따라서 남은 것은 이 능동적 기능이 나와는 다른 어떤 실체 속에 있다는 것이다. 이런 실체는 이미 위에서 보았듯이 이 기능에 의해 산출된 관념들 속에 표상적

79

으로 있는 모든 실재성을 형상대로 아니면 우월하게 담고 있다. 그러므로 관념들 속에 표상적으로 있는 모든 것을 형상대로 담고 있는 몸, 곧 몸의 본성을 지닌 것이거나, 아니면 확실히 신이거나, 아니면 저 모든 것을 우월하게 담고 있는 몸보다 더 고귀한 어떤 피조물이다. 그러나 모두가 알다시피, 신은 사기꾼이 아니기 때문에 이것들을 내게 손수 전하지도 않았고, 이것들의 표상적 실재성을 형상대로가 아니라 오직 우월하게 담고 있는 어떤 피조물을 통해서 전하지도 않았다. 다시 말해 만일 이것들이 몸 있는 것들이 아닌 다른 곳에서 전해졌다면, 신은 내게 이 감각적 지각들을 인식하기 위한 어떤 기능을 주기는커녕, 오히려 이것들이 몸 있는 것들로부 80 터 전해졌다고 너무나 쉽게 믿고 마는 성향을 주었기 때문에, 나는 어떤 근거로 그가 사기꾼이 아니라는 것이 인식될 수 있었는지를 알지 못한다. 그러므로 몸 있는 것들은 실존한다. 그렇지만 아마도 이러한 모든 것은 내가 감각을 통해 파악한 꼭 그대로 실존하지는 않을 것이다. 감각의 파악이라는 것이 많은 경우 너무도 어둡고 헛갈리기 때문이다. 그러나 몸 있는 것들 안에는, 적어도 내가 맑고 또렷하게 인식하는 모든 것, 일반적으로 보아 순수한 인식의 대상 안에서 파악되는 모든 것이 있다.

그러나 그 밖의 것들에 관해 말하자면, 이것들은 (예컨대 태양이 이런 크기, 저런 모양 등을 지니고 있다는) 개별적인 것들이거나, 아니면 (빛, 소리, 고통 등과 같이) 맑게 인식되기 어려운 것들이다. 이것들이 아무리 의심스럽고 불확실하다 하더라도, 신은 사기꾼이 아니라는 사실(따라서 내 안에 신한테서 받은, 내 의견 속의 거짓을 교정하는 기능이 없었다면, 이 거짓이 거기서 발견되는 일조차 불가능했을 것이라는 사실)은, 이 개별적인 것들의 경우에서 진리에 이르는 것 역시 가능하다는 희망을 내게 확실히 보여준다. 또 내가 자연적 본성에 따라 배운 모든 것이 어떤 진리를 담고 있다는 것은 의심의 여지가 없다. 다시 말해 자연적 본성이란 일반적으로 볼 때 바로 신이거나, 신이 기획한 피조물들의 상호 질서이며, 개별적으로 볼 때 나의 자연적 본성이란 신이 내게 부여한 모든 것의 복합체나 다름없다.

그런데 이런 자연적 본성은 내가 허기나 갈증 따위를 겪을 때, 곧 음식이나 수분의 부족으로 인한 고통을 느낄 때 상태가 나빠지는 몸을 지니고 있다는 것을 내게 아주 명확히 가르쳐준다. 따라서 몸에 어떤 진리가 있다는 것을 의심해서도 안 된다.

81   자연적 본성은 바로 이 고통, 허기, 갈증 따위의 감각을 통해, 선원이 배에 승선한 것처럼 내가 단지 내 몸 곁에 있는 것이 아니라, 몸과 하나를 이루고 있다 할 만큼 몸과 더없이 밀접하게 결합되어 있고 이를테면 혼합되어 있다는 것 또한 가르쳐준다. 거꾸로 말하자면, 내가 오로지 생각하는 것일 뿐

이라면 나는 몸이 상처를 입었을 때에도 고통을 느끼지 않았을 것이며, 마치 선원이 자기 배의 한 부분이 부서졌을 때 시각을 통해 이것을 지각하듯, 순수한 지성을 통해서만 이 상처를 지각했을 것이다. 그리고 몸이 음식이나 물을 필요로 할 때도 이를 단지 명확히 인식할 뿐, 허기나 갈증이라는 헛갈리는 감각을 갖지 않았을 것이다. 즉 이러한 갈증, 허기, 고통 등의 감각들은 확실히 정신과 신체의 합일 및 이른바 혼합 때문에 헛갈리게 지각된 생각의 양태들에 지나지 않는다.

나아가 나는 자연적 본성에 따라 내 몸 주변에 다른 다양한 몸들이 실존하며 이들 가운데 어떤 것은 따라야 하지만 어떤 것은 피해야 한다는 것 또한 배운다. 또 확실히 나는 내가 서로 다른 색깔, 냄새, 맛, 소리, 열기, 단단함 따위를 감각하고 있다는 사실로부터, 어떤 몸들에서―이 몸들과 상응하나 아마도 닮지는 않았을―저 다양한 지각들이 비롯된다는 정당한 결론에 이른다. 또한 이런 감각적 지각 가운데 어떤 것은 나에게 유쾌하고 어떤 것은 불쾌하다는 사실을 고려할 때, 내 몸이, 아니 오히려 정신과 신체의 합성체로서의 내 전체가 주변에 있는 몸들로부터 다양한 이로움과 해로움을 받을 수 있다는 것은 매우 확실하다.

그러나 다른 많은 것들이, 내가 자연적 본성에 따라 배웠 82 다고 여기지만 사실은 자연적 본성으로부터가 아니라 선불리 판단을 내리는 어떤 습관으로부터 받아들인 것들이며, 이 때문에 오류에 빠지는 일이 쉽게 일어난다. 이를테면, 내 감각을 자극하는 것이 전혀 없는 공간을 진공이라고 하는 것이나, 물체의 경우 예컨대 뜨거운 물체에는 내가 지니고 있는 열기의 관념과 꼭 닮은 어떤 것이 들어 있고, 희거나 푸른 물체에는 내가 감각하는 흰색이나 푸른색이 들어 있으며, 쓰거나 단 것 속에는 그런 맛이 있다고 하는 것 등이 그러하다. 별도, 탑도, 무엇이든 멀리 떨어져 있는 다른 것들도 내 감각에 나타나는 그대로의 크기나 모양을 갖고 있다고 하는 것 등도 그러하다. 그러나 이런 경우에 무언가 충분히 또렷하게 지각하지 못한 것이 없으려면 나는 '내가 어떤 것을 자연적 본성에 따라 배웠다'라는 말이 본디 무슨 뜻인지를 더욱 주의 깊게 규정해야만 한다. 이때 '자연적 본성'은 신이 나에게 부여해준 것의 복합체라는 뜻을 지닌 자연보다 좁은 의미를 갖고 있다. 복합체로서의 자연 안에 속하는 것들 가운데에는, 오직 정신에만 속하는 것, 예컨대 일어난 일을 일어나지 않은 것으로 할 수 없다는 것을 내가 지각한다는 것이라든가, 그 밖에 자연의 빛에 의해 알려지는 것들이 있지만, 이것은 여기서 말하는 자연적 본성이 아니다. 또한 오직 물체에만 관계하는 것, 예컨대 물체는 아래로 움직인다는 것 등과 같은 많은 것이 있지만, 이것 역시 여기서 말하는 자연적 본성이 아니다. 여기서 말하는 자연적 본성이란 신이 정신과 신체의 합성체로서 나에게 부여해준 것만을 의미한다. 그러므로 물론 이 자연적 본성은 고통의 감각을 일으키는 것은 기피하고, 쾌락의 감각을 가져다주는 것은 추구하라는 것 등을 나에게 가르쳐주지만, 보다시피 지성이 먼저 우리 바깥에 놓여 있는 것들을 검토하지 않은 채로 무엇이든 저 감각적 지각을 근거로 결론 내리라는 것까지 가르치지는 않는다. 왜냐하면 이런 것들에 대하여 진리를 아는 것은 보다시피 오직 정신에 속하지, 정신과 신체의 합성체에 속하는 것은 아니기 때문이다. 그러므로 별이 조그만 횃불의 불꽃보다 내 눈을 더 자극하지 않는다 하더라도, 별이 횃불보다 크지 않다고 믿게 하는 실재적인, 곧 긍정적인 경향성이 내 안에 있는 것이 아니라, 내가 그저 아무 근거 없이 어릴 적부터 그렇게 판단했을 뿐이다. 또 불에 가까이 가면 열기를 느끼고, 더 가까이 가면 고통을 느끼지만, 그렇다고 이 불 속에 열기나 고통과 닮은 어떤 것이 있다고 설득하는 근거는 전혀 없다. 다만 무엇이 되었든 우리 안에 열기와 고통의 감각들을 일으키는 무언가가 있다는 것을 설득하는 근거가 있을 뿐이다. 나아가 어떤 공간 속에 비록 감각을 자극하는 것이 없을지라도, 이로부터 이 공간에는 아무것도 없다는 것이 귀결되지는 않는다. 오히려 알다시피 나는 감각의 지각들을 마치 우리 바깥에 놓여 있는 몸들의 본질이 무엇인지를 직접 식별하기 위한 확실한 규칙이라도 되는 양 사용하고 있기 때문에, 이런 경우는 물론, 다른 많은 경우에도 자연의 질서를 거스르는 일에 익숙해져 있다. 사실 이것들은 저 본질에 관해 단지 흐릿하고 헷갈리는 것만을 알려줄 뿐이다. (무릇 감각적 지각이란 본디 합성체를 위해 무엇이 이롭고 이롭지 않은지를 그것의 일부인 정신에 알리고자 자연적 본성이 제공한 것이며, 그런 한에서는 충분히 맑고 또렷하다.)

한편, 나는 이미 앞에서 신이 선함에도 불구하고 내가 왜 잘못된 판단을 내리는지에 대해서 충분히 살펴본 바 있다. 그러나 여기서 새로운 난점이 하나 떠오른다. 그것은 물론 자연적 본성이 추구하거나 기피하라고 나에게 알려주는 것들에 관한 것이자 내부 감각에 관한 것이기도 하다. 나는 알다시피 거기서도 오류를 발견했다. 예컨대 누군가가 음식 맛이 좋은 데에 속아 거기에 들어 있는 독까지 먹어버리는 경우이다. 물론 이때 그는 자연에 따라 그 독이 아니라 그저 맛 좋은 음식을 욕구하는 쪽으로 이끌렸을 뿐이다. 그는 독이 들어 있는지 전혀 모른다. 이로부터 내가 결론지을 수 있는 것은, 나의 자연적 본성이 모든 것을 다 아는 것은 아니라는 것뿐이다. 이는 놀랄 일이 아니다. 인간은 유한한 것이므로 오직 유한한 완전성만을 수용할 수 있기 때문이다.

그러나 자연적 본성이 이끄는 경우에도 우리는 드물지 않게 실수한다. 예컨대 환자가 자신에게 금방 해가 되는 줄 알면서도 마실 것이나 먹을 것을 욕구하는 경우이다. 이런 잘못을 저지르는 것은 어쩌면 그의 자연적 본성이 병들었기 때문이라고 말할 수도 있겠다. 그러나 이것으로 문제가 해결되는 것은 아니다. 왜냐하면 환자도 건강한 사람과 마찬가지로 신의 피조물이며, 따라서 그가 신한테서 그릇된 자연적 본성을 받았다는 것은 보다시피 모순이기 때문이다. 또한 톱니바퀴와 추로 구성된 시계는 잘못 조립되어 시간을 정확하게 가리키지 않을 때에도 제작자의 의도를 충족시키고 있을 때 못지않게 모든 자연 법칙을 정확히 지킨다. 마찬가지로 인체를 뼈, 신경, 근육, 혈관, 혈액, 피부를 잘 짜 맞추어 조립한 일종의 기계로 간주해보자. 어찌나 잘 조립했는지, 이 기계는 거기에 정신이 실존하지 않는데도 모든 작동을 하고 있으며, 지금 그 안에는 의지의 명령이나 정신에서 비롯된 작동이 없다고 말이다. 만일 그렇다면, 나는 다음과 같은 경우도 자연스러운 것임을 인식한다. 이 기계는 예컨대 수종hydrops을 앓을 경우 (갈증의 감각을 정신에 전해주는) 목마름에 시달릴 뿐 아니라, 이 정신으로부터 이 기계의 신경 및 다른 부분들이 지시를 받아, 결국 수종을 악화시키는 물을 마시고 마는 것이다. 이는 이 기계가 그런 병에 걸리지 않았을 때 비슷한 목 85 마름에 의해 자신에게 득이 되도록 물을 마시는 쪽으로 작동하는 것과 똑같이 자연스러운 것이다. 물론 시계가 시간을 정확하게 가리키지 않는다면, 나는 미리 정해진 시계의 용도에서 볼 때 그것이 자신의 자연적 본성에서 일탈하고 있다고 말할 수 있을 것이다. 그뿐만 아니라 똑같은 방식으로, 인체라는 기계를 언제나 작동이 일어나고 있는 어떤 장치로서 간주할 경우, 물이 자기 보존에 이롭지 않은 때 목이 마른다면, 나는 이 기계가 자신의 자연적 본성 때문에 오류를 일으킨다고 생각할 것이다. 그러나 아무리 그렇다 하더라도, 나는 이 자연적 본성의 의미가 다른 자연적 본성의 의미와는 매우 다르다는 것을 충분히 알고 있다. 다시 말해 이 자연적 본성은 어떤 명칭에 지나지 않는 것으로서, 병든 사람과 잘못 조립된 시계를 건강한 사람과 잘 만들어진 시계의 관념과 비교하는 내 생각에 의존해 있는 것이자, 이러한 것들에 외적으로 관계하는 명칭이라 일컬어지는 것이다. 반면에 다른 자연적 본성은 실제로 사물들 속에서 발견되며, 또 그런 한에서 어떤 진리를 지니고 있다.

나아가 수종을 앓는 몸의 관점에서 보더라도, 목이 마르지만 물이 부족한 것은 아니기 때문에 이러한 몸의 자연적 본성이 병들어 있다고 말한다면, 확실히 이 자연적 본성은 그저 외적인 명칭에 지나지 않는다. 그러나 합성체, 곧 이런 몸과 합일된 정신의 관점에서 본다면, 물이 자신에게 해가 될 때 갈증을 느낀다는 것은 단순한 명칭이 아니라 참말 자연적 본성의 오류인 것이다. 그리하여 이제 남은 것은, 어찌하여 신의 선함이 이렇게 이해된 자연적 본성이 실수하는 것을 막지 않는지를 탐구하는 일이다.

이런 것을 고찰하면서 내가 처음으로 깨닫는 것은 정신과 신체 사이에는 큰 차이가 있다는 점이다. 즉 물체는 본성상 언제나 나뉠 수 있는 데 반해, 정신은 전적으로 나뉘지 않는 다. 다시 말해 정신, 곧 오직 사유하는 것으로서의 나 자신을 살펴볼 때, 나는 내 안에서 어떤 부분들을 구분할 수 없고, 오히려 내가 완전히 하나이자 통합되어 있음을 인식한다. 그리고 내가 아는 바로는, 신체 전체와 정신 전체가 통일된 듯 보이긴 하지만, 발이나 팔이나 무엇이든 다른 신체 부분이 잘려 나간다 하더라도 정신에서 떨어져 나가는 것은 없다. 나아가 의지 기능, 감각 기능, 이해 기능 등이 정신의 '부분'이라고 말해서도 안 된다. 하나의 동일한 정신이 의지하고, 감각하고, 이해하는 것이기 때문이다. 그러나 거꾸로, 나는 내가 생각으로써 쉽게 나눌 수 없는 것, 나아가 바로 이런 식으로 나눌 수 있다고 인식할 수 없는 것을 결코 물질적인 것, 곧 펼쳐져 있는 것으로서 생각할 수 없다. 만일 내가 정신이 신체와 전혀 다르다는 것을 다른 곳〔=제2성찰〕에서 아직 충분히 알지 못했다 하더라도, 이것을 내게 가르치는 데에는 이 한 가지 사실로도 충분할 것이다.

다음으로 내가 깨달은 것은, 정신은 신체의 모든 부분으로부터 직접 영향을 받는 것이 아니라, 뇌로부터, 혹은 아마 뇌의 어떤 작은 부분, 이른바 '공통' 감각이라는 것이 들어 있는 부분[45]으로부터만 영향을 받는다는 것이다. 말하자면 이 부분은 동일한 방식으로 연결될 때마다, 아무리 그 사이에 신체의 나머지 부분들이 다른 방식으로 태도를 취하고 있다 하더라도, 언제나 동일한 것을 정신에게 보여주는 것이다. 무수히 많은 경험들이 이를 증명하지만, 이것들을 여기에서 논할 필요는 없다.

　이외에도 내가 깨달은 것은 몸의 본성이 다음과 같다는 것이다. 즉 어떤 몸의 이 부분이 이것과 어느 정도 떨어져 있는 저 부분에 의해 움직일 수 있다면, 이 부분은 저 부분과의 사이에 놓여 있는 어떤 〔제3의〕 부분에 의해서도 똑같이 움직이지 않을 수 없다. 이는 저 부분이 아무런 작용을 하지 않는다 하더라도 마찬가지이다. 예컨대, 밧줄 A-B-C-D에서 끝부분 D를 잡아당기면, 같은 방식으로 첫 부분 A가 움직일 것이다. 나아가 D를 놓아두고 B나 C 가운데 하나를 잡아당겨도 A는 똑같이 움직일 것이다. 비슷한 방식으로, 자연학은 내가 발에 고통을 느낄 때 다음과 같이 가르친다. 즉 이 고통의 감각은 발에 퍼져 있는 신경의 도움으로 일어난다. 이 신경은 밧줄처럼 발에서 뇌까지 팽팽하게 이어져 있으며, 그래서 발 내부의 신경이 당겨지면 마침내 뇌의 깊숙한 부분까지 당겨지게 되어 그 부분에 어떤 움직임을 일으킨다. 이 움직임은 발에 실존하는 듯한 고통의 감각으로써 정신을 촉발하도록 본성상 설정되어 있다. 그러나 이 신경들이 발에서부터 뇌까지 도달하려면, 정강이, 허벅지, 허리, 등 및 목을 통해야 하기 때문에, 이 신경들 중 발에 있는 부분이 건드려지지 않고 중간에 있는 어떤 부분이 건드려지기만 해도, 뇌 속에는 발에 상처를 입었을 때와 똑같은 움직임이 일어나며, 그 결과 정신은 발에 상처를 입었을 때와 똑같은 고통을 느끼게 되는 것이다. 다른 모든 감각에 대해서도 이와 같이 생각해야 한다.

마지막으로 내가 깨달은 것은, 정신에 직접 영향을 주는 뇌의 부분에서 일어나는 움직임들은 저마다 하나의 감각만을 정신에 전달하기 때문에, 이 움직임들에 의해 전달될 수 있는 것들 가운데 인간을 건강하게 보존하는 데에 최대한 도움이 되는 감각만을 전달해준다면 이처럼 바람직한 일은 없다는 것이다. 그런데 경험이 보여주듯이, 자연이 우리에게 부여한 감각들은 모두 이런 성질을 갖고 있으며, 따라서 감각들 속에는 신의 능력과 선함을 보여주지 않는 것은 하나도 없다. 그러므로 예컨대, 발에 있는 신경들이 격렬하고 비정상적으로 움직일 때, 척수를 거쳐 뇌의 깊은 부분에 도달한 이 신경들의 움직임은 여기에서 정신에게 무언가를, 이를테면 발에 실존하는 듯한 고통을 느끼도록 신호를 준다. 이 감각은 발에 그 해로운 원인이 있는 한 그것을 제거하도록 정신을 자극한다. 물론 신은 뇌 속의 이 똑같은 움직임이 무엇이든 다른 것을 정신에 보여주도록 설정할 수 있었다. 이를테면 바로 그 움직임을 뇌 속에 있는 것으로서, 혹은 발에 있는 것으로서, 혹은 이 중간의 어떤 곳에 있는 것으로서, 아니

88

면 마지막으로 무엇이든 다른 움직임을 보여주도록 말이다. 그러나 마찬가지로 신체 보존에는 도움이 되지 않았을 것이다. 같은 방식으로, 우리가 물을 마셔야 할 때는 이 때문에 목이 마르고, 이것이 목의 신경을 움직이고 이것의 도움으로 뇌의 안쪽이 움직인다. 또 이때 이 움직임은 갈증의 감각으로 정신을 자극한다. 이 경우에 물을 마셔야 한다는 것을 아는 것만큼 건강 보존에 더 유익한 것은 없기 때문이다. 또 다른 경우에도 마찬가지이다.

이로부터 분명해지는 것은, 신의 막대한 선함에도 불구하고 정신과 신체의 합성체인 인간의 본성은 종종 잘못을 저지른다는 사실이다. 예컨대 어떤 원인이 발이 다쳤을 때 일어나곤 하는 움직임과 아주 똑같은 것을 발의 내부가 아니라 발과 뇌 사이에 있는 어떤 부분, 혹은 바로 뇌 속에서 일으킨다. 고통은 마치 발에 있는 것처럼 느껴지며, 그러므로 감각은 자연적으로 잘못을 저지르게 되는 것이다. 왜냐하면 뇌속에 있는 어떤 동일한 움직임은 언제나 동일한 감각만을 정신 속에 일으키고 이 움직임은 또한 다른 곳에 실존하는 어떤 다른 원인보다는 발을 다치게 하는 원인에 의해 더 자주 일어나곤 하므로, 이 움직임이 언제나 다른 부분의 고통이 아니라 발의 고통을 정신에 전달한다는 것은 당연한 일이기 때문이다. 또 대체로 그런 것처럼, 신체가 건강을 위해 목이 마르는 것이 아니라, 수종 환자에게서 나타나듯이 전혀 반대

142

의 원인에서 목마름이 생기는 경우도 가끔 있다. 이때 속는 것이 몸이 건강할 때면 언제나 속는 것보다는 훨씬 낫다. 다른 경우에도 이와 마찬가지이다.

나아가 이런 고찰은 단지 내 본성이 빠지기 쉬운 모든 오류를 알아채는 데만이 아니라, 이것을 쉽게 피하고 바로잡는 데도 많은 도움이 된다. 예컨대 나는 신체에 이로운 것에 대해 모든 감각이 거짓된 것보다는 참된 것을 지시하는 경우가 훨씬 더 많다는 것을 확실히 알게 되었다. 또 이것을 검토하기 위해 거의 언제나 이 감각들 가운데 많은 것을 사용할 수 있다. 나아가 이를 위해 현재를 과거와 결부시키는 기억력을 사용할 수도 있으며, 오류의 모든 원인을 이미 밝혀낸 지성을 사용할 수도 있기 때문에, 이제부터는 날마다 감각이 내게 보여주는 것이 거짓이 아닐까 하고 걱정할 필요가 없게 되었다. 오히려 지난 며칠 동안의 온갖 과장된 의심을 우스꽝스러운 것으로 내던져버려야 할 것이다. 특히 내가 깨어 있음과 구분할 수 없었던 꿈과 연관된 가장 강력한 회의까지 말이다. 다시 말해 이제 나는 이 둘 사이에 다음과 같은 큰 차이가 있음을 알게 되었기 때문이다. 즉, 깨어 있을 때 나에게 일어나는 일은 기억에 의해 다른 모든 삶의 활동과 결부될 수 있지만, 꿈속에 나타나는 것은 결코 그럴 수가 없다는 90 것이다. 예컨대 내가 깨어 있을 때에 꿈속에서처럼 어떤 사람이 갑자기 나타났다가 금방 사라져버린다면, 더구나 그 사

람이 어디에서 왔으며 어디로 갔는지도 모른다면, 이 사람을
진짜 인간이라기보다는 오히려 유령이나 뇌에서 만들어진
환영이라 판단해도 무방할 것이기 때문이다. 그렇지만 어디
에서 왔고, 어디에 있으며, 언제 왔는지를 또렷하게 알고 있
는 것들, 또 이것들에 대한 지각을 남은 내 생애와 아무런 단
절 없이 결부시킬 수 있다면, 확신컨대 이런 것들은 꿈속에
서가 아니라 깨어 있을 때에 나타나는 것이다. 그리고 내 모
든 감각, 기억, 지성을 동원하여 이것들을 검토하고 난 뒤에
도, 이것들 가운데 어떤 것이 나머지 것과 모순된다고 내게
알려지지 않는다면, 나는 이런 것의 진리를 조금도 의심해서
는 안 된다. 다시 말해 신은 사기꾼이 아니라는 것으로부터
내가 이런 경우에 결코 오류에 빠지지 않는다는 것이 귀결되
기 때문이다. 그러나 일 처리에 쫓기는 우리로서는 이런 것
들을 주의 깊게 검토할 여유가 없기 때문에 인생은 각각의
경우에 오류에 예속되어 있음을 나는 고백할 수밖에 없으며,
또 우리 본성의 연약함을 깨달을 수밖에 없다.

르네 데카르트를 찾아서 :
성찰의 시대,
시대의 성찰

르네 데카르트René Descartes는 1596년 프랑스에서 태어나 청년 시절에 네덜란드로 이주한 뒤 거기서 20여 년을 살다가 1650년 스웨덴에서 향년 54세를 일기로 사망한 철학자, 수학자, 과학자이다. 첫 출판물로부터 마지막 유작까지 그의 활동 기간은 12년 남짓이며 그의 주저라 할 만한 것은 번역본을 제외하고는 서너 권 정도이다. 이 짧은 활동 기간과 몇 안 되는 저서에도 불구하고, 유럽의 역사는 그의 등장으로 근대라는 새로운 시대가 열렸다고 평가하며, 유럽의 철학사는 그를 '근대 철학의 아버지'라고 칭하기를 주저하지 않는다. 그만큼 데카르트는 짧은 활동 기간 동안의 몇 안 되는 저술을 통해서 새 시대의 징후들과 지향점을 압축적으로 보여주었던 것이다.

　물론 12년이라는 활동 기간은 겉으로 드러난 시간에 지나지 않는다. 이제 차근히 살펴볼 것이지만, 데카르트는 첫 번째 출판물이 세상에 나오기 몇 해 전인 1629년에 어떤 다른 원고를 완성해 출판하려다 취소한 적이 있었고 또 그보다 훨씬 전에 '놀라운 학문의 기초들'을 깨닫고는 (끝내 미완성 유고로 남기는 했지만) 일종의 철학적 저술을 시작했다. 이렇게 보면 데카르트의 저술 활동 기간은 그의 반평생에 가까우며, 그가 18세에 교회법과 시민권에 관한 논문으로 석사 학위를 취득했다는 점까지 고려한다면, 그의 삶 자체를 정신적 활동의 역사로 해석해야 한다는 어떤 연구자의 주장도 확실히 과장된 것만은 아니다.

그러나 데카르트가 '나는 생각하는 것이다ego sum cogitans' 라고 되뇐 것을 마치 그의 유언처럼 받들어 그의 삶 전체를 반드시 정신적 역사로 해석할 필요는 없다. 그의 생애에는 단순히 정신사로만 파악할 수 없는 여러 가지 사건들이 있었다. 모험과 도피, 사랑과 연민, 불안과 동경, 분노와 향수……. 그는 생각하는 것으로서만이 아니라 몸과 살을 가진 한 사람으로서도 한평생을 살았다.

우리가 그려보려는 데카르트는 바로 이런 사람이다. 그렇다고 평생을 정념에 휩싸여 유럽 대륙을 떠돈 방랑자로서 그를 그려보자는 것은 결코 아니다. 확실히 데카르트는 정신적 삶을 살았으며 인간과 세계의 성찰을 위해 조용한 은닉처를 찾아다녔다. 이것은 엄연한 사실이다. 그러나 그가 은닉처를 찾아 옮길 때마다 그의 주변에 모종의 사건들이 있었고 그가 이 사건들을 피해 다니다가 마침내 북유럽의 어느 도시에서 생을 마감했다는 것 또한 이에 못지않은 엄연한 사실이다.

이 두 가지 엄연한 사실을 때로는 번갈아서, 때로는 함께 기술하면서 하나의 사실-관계를 엮어가는 것이 이 해제의 목표이다. 만일 성공한다면, 데카르트의 정념과 번뇌가 그의 철학적 저술들로 정화되는 과정과, 그 정화된 정신세계와 몸이 살던 세계 사이의 괴리 때문에 다시 그의 정신적 삶이 번뇌로 몰드는 과정, 이 두 과정의 순환 고리가 형성될 것이다. 다시 말해 한 철학자의 이상과 현실이 어떻게 상호 작용하면서 그의 생애를 엮어갔는지가 밝혀지는 것이다.

이 목표에 이르기 위해 이 해제는 우선 데카르트가 살기 전에 유럽 대륙에서 일어났던 몇 가지 굵직한 사건들을 살펴볼 것이다. 르네상스, 종교 개혁, 과학 혁명, 프랑스 종교 내전, 30년 전쟁……. 처음에는 정처 없이 흘러가는 세계사 이야기처럼 보일 수도 있겠지만, 따라가다 보면 이 사건들이 모두 데카르트라는 한 인물의 전 생애에 마치 '핏물'처럼 고여 들고 있으며, 나중에는 남김없이 그의 삶과 시대의 배경은 물론 그의 저술들의 행간을 이루게 된다는 것을 알게 될 것이다. 이러한 배경 지식은 《성찰》만이 아니라 데카르트의 다른 저술들을 해독하는 데에도 유용하다.

데카르트를 향한 다소 긴 역사적 접근이 끝나면 본격적으로 데카르트의 삶과 저술 활동을 살펴볼 것이다. 데카르트가 살았던 시대를, 아니 그의 삶 자체를 가장 단적으로 보여주는 것이 바로 전쟁이다. 그는 프랑스 종교 내전이 마무리될 때쯤 태어나서, 최초의 세계대전인 30년 전쟁이 종결되고 몇 해 뒤에 사망했다. 사실상 평생을 전쟁 속에서 살았던 것이다. 하지만 그가 진짜라고 여긴 전선은 어쩌면 철학 대 신학, 구교 대 신교, 더 좁게는 구교 내부의 개혁주의 대 보수주의로 대립하고 있던 사상 및 종교적 전선이었을 것이다. 두 차례의 종교 전쟁이 모두 이러한 정신적 전선에서 발화했기 때문이다.

데카르트의 시대가 전해주는 가장 강렬한 교훈은, 이성 없는 신앙은 맹신과 광기로 이어지며 이러한 광기는 결국 역사를 피로 물들인다는 것이다. 명민한 데카르트는 30년 전쟁이 끝나기 전에 이 교훈을 깨달았고, 그러한 역사가 당장 멈추기를, 아니 그것이 어렵다면 후대에서만큼은 반복되지 않기를 염원했다. 은둔 생활을 즐기긴 했지만 사교성이 좋았다고 전해지는 데카르트가 망명 생활을 하면서까지 자신의 뜻을 굽히지 않았던 것은 바로 이러한 염원이 그의 마음속 깊은 곳에 맺혀 있었기 때문이리라.

그러나 철학자가 자신의 염원을 직설적으로 말할 리 없다. 그리고 이것은 어떤 철학자의 문체나 말투 때문이라기보다는 철학이 철학으로서 남아 있는 데 필요한 철학 특유의 수사법 때문이다. 어떤 사람들은 왜 철학자는 그렇게 관념적으로 또는 딱딱하게 글을 쓰는 것인지, 시처럼, 소설처럼, 때로는 그림처럼, 영화처럼 그려주면 안 되는 것인지 불평하기도 한다. 물론 이렇게 그려졌다 해서 철학이 아닌 것은 아니다. 그러나 철학의 본령에서 싸우고자 하는 자는 반드시 치밀한 논리의 공방과 관념의 전쟁 속으로 들어가야 하며, 데카르트는 이 사유의 전장을 결코 피하지 않았다.

다행히 《성찰》은 상당히 정서적인 글이다. 그럼에도 불구하고 그 뒤에 숨겨져 있는 논리적 비수는 종종 읽는 사람의 허를 찌르곤 하며, 다 읽고 나서 데카르트와 함께 겪은 전장들을 되짚어보게 되면 그 치밀함에 혀를 내두를 정도이다. 《성찰》이 어떤 주제들을 다루고 있는지를 각 성찰별로 정리하고, 《성찰》이 어떤 의미에서 새로운 철학을 보여주었는지를 해명하는 일은 이 책의 텍스트적 특성과 시대적 특성을 잘 드러내줄 것이다.

마지막 부분에서는 데카르트가 이후 철학사에 미친 영향을 동시대로부터 현대까지 아주 빠른 속도로 짚어본 뒤, 숨을 거둔 지 4세기가 다 되어가는 한 철학자의 글을 왜 오늘 우리가 다시 읽어야 하는지 생각해볼 것이다.

1. 르네를 찾아서 ─ 역사적 접근

한 저자의 글에 숨겨진 삶과 시대적 배경을 소개하는 일은 그리 간단하지 않다. 왜냐하면 한 사람의 삶이란 다른 많은 인물들과 사건들에 과거-현재-미래에 걸쳐 복잡하게 얽혀 있게 마련이기 때문이다. 그러나 이에 못지않게 어려운 것은 어느 인물의 어떤 사건을 시작으로 삼아 우리의 주인공에 대한 영향 관계를 기술할 것인지 결정하는 일이다. 이 해제에서 너무 멀리 가는 것은 적절치 않을 테지만, 그래도 어림잡아 데카르트가 활동하기 백 년 전쯤으로 가보는 것이 어떨까 한다. 마침 데카르트는 백 년 전 로마에서 있었던 일을 회고하면서 우리의 책《성찰》을 시작하고 있으니 말이다.

(1) 교황 레오 10세의 흔적들

교황 레오 10세(재위 1513~1521, 본명은 조반니 디 로렌초 데 메디치Giovanni di Lorenzo de Medici)는 라파엘로, 미켈란젤로 등 수많은 예술가들을 후원함으로써 이탈리아를 르네상스의 중심지로 이끈 장본인이며, 과연 그에 걸맞은 학식과 교양, 예술적 안목을 지닌 인물이었던 것으로 전해진다. 교황이 되기 전에 과연 어떤 사람이었기에 그는 그럴 수 있었을까? 이것이 궁금하다면, 그의 본명을 떠올리는 것만으로 충분하다. 그는 피렌체의 명가이자 이탈리아 르네상스의 탄생과 발전을 이끈 가문인 메디치 가의 사람이었으며, 그것도 15세기 최고의 정치가이자 문학가였던 '위대한 로렌초'의 아들이었던 것이다. 어렸을 적 그의 스승이 바로 이 가문의 후원을 받아 플라톤의 전 저작을 라틴어로 번역한, 르네상스 시기의 가장 중요한 인문주의자 중 한 사람인 마르실리오 피치노Marsilio Ficino(1433~1499)였다는 사실까지 상기한다면 절로 고개가 끄덕여진다.

뛰어난 안목 덕택이었는지 레오 10세는 호사스러운 생활을 좋아했고, 그의 사치벽에 관한 일화들은 지금도 사람들의 입에 심심치 않게 오르내리곤 한다. 가장 유명한 일화는 그가 로마의 라테라노 대성당으로 가는 행차에 교황청 재산의 4분의 1을 소비한 일이다. 그의 사치는 어마어마했을 뿐 아니라 지속적이었다. 계속되는 그의 사치와 유흥 생활은 교황청의 재정을 금방 바닥냈고, 이를 충당하기 위해 그는 면죄부 판매, 성직 매매, 대사 남용 등을 서슴지 않았지만, 그러는 중에도 성 베드로 대성당의 재건 사업에 다시 막대한 자금을 들이부었다. 그러나 호탕한 문화생활을 즐긴 것과 달리 레오 10세는 정치적으로는 상당히 우유부단했고, 위기에 몰리거나 하면 약삭스레 움직이기도 했다. 이 같은 정치 행실 때문에 북유럽에는 이미 반反로마 정서가 상당히 팽배해 있었지만, 교황은 분위기 파악을 전혀 하지 못한 채 사치 생활을 계속했으니, 이는 북유럽의 분노에 기름을 붓는 꼴이었다.

1517년 10월 31일, 마침내 독일의 어느 작은 도시에서 성서학을 가르치던 한 교수사제가 로마 교회의 부패와 타락을 전면적으로 비판하는 반박문을 발표했고, 이를 시작으로 비텐베르크의 사제 측과 로마의 교황 측 사이에 본격적인 신학 논쟁이 시작되었다. 이 반박문이 바로 종교 개혁의 시작으로 평가받는 마르틴 루터Martin Luther(1483~1546)의 〈95 논제〉이다. 교황은 루터와 그의 동료들을 협박했지만, 이것이 통하지 않자 1521년 그를 파문하고 루터파를 이단으로 단죄했다. 그러나 교황의 기대와 달리, 루터가 지핀 개혁의 불씨는 사그라질 줄을 몰랐고, 이내 독일의 햇불로, 유럽의 들불로 번지기 시작했다. 좋은 뜻에서든 나쁜 뜻에서든 레오 10세는 르네상스와 종교 개혁에 굵은 흔적을 남겼다.

한편 레오 10세는 철학사에도 굵직한 흔적을 남겼다. 앞서 말한 라테라노 대성당의 호사스러운 행차를 따라가 보자. 율리우스 2세가 선종하기 전에 소집해놓은 제5차 라테라노 공의회(1512~1517)를 주재하기 위해 레오 10세는 산 조반니 인 라테라노 대성당으로 행차했다. "몇몇 사람들은 인간의 〔이성적〕 추론은 영혼이 신체와 더불어 소멸됨을 확신시키며 오직 신앙에 의해서만 그 반대가 주장된다고 감히 말하기도 했습니다. 그렇지만 레오 10세가 주재한 라테라노 공의회는 제8회기에서 이러한 견해를 단죄하고 있으며, 또 그리스도교 철학자들에게 이런 사람의 주장을 논파하고 전력을 다해 진리를 증명하라고 명시적으로 명령하고 있기 때문에, 나 또한 이 명을 수행하는 데에 주저하지 않았습니다"(19쪽46).

이 공의회의 마지막 회기에 죄악으로 단정된 대상은 사

실상 아베로에스와 그의 추종자들이다. 아베로에스Averroës (1126~1198. 본명은 이븐 루시드Ibn Rochd)는 아리스토텔레스의 철학을 철학 자체로 간주한 철저한 아리스토텔레스주의자였으며, 그의 아리스토텔레스 주석서는 중세 대학에서 널리 읽히곤 했다. 13세기에 파리 대학 문학부에서는 아베로에스‘주의’가 시작되었는데, 이것은 철학이 아베로에스처럼 순수한 아리스토텔레스주의로 복귀해야 한다는 일종의 철학적 운동이었다. 그러나 본명에서 알 수 있다시피 아베로에스는 이슬람 지배하의 코르도바 출생이었기 때문에 그의 사상은 이슬람 색채가 짙었다. 게다가 아리스토텔레스 철학이 그리스도교 교리와 충돌하는 지점이 많은 탓에 아리스토텔레스와 아베로에스주의는 1215년 파리 대학에서 금지되었고, 1231년에 해금되었다. 이후 아베로에스주의는 14~16세기에 이탈리아에서 부흥했다.

결론부터 말하자면, 레오 10세가 아베로에스주의를 단죄하기 전까지, 또 한편으로 루터를 파문해 가톨릭과 프로테스탄트의 대립을 격화시키기 전까지, 로마 교회는 아리스토텔레스와 아베로에스, 신플라톤주의는 물론이고 조로아스터, 헤르메스 등과 같은 동방 신비주의 계열의 이른바 ‘태고 신학’ 문헌들까지—이 역시 메디치 가문의 후원과 한 주교의 의뢰로 피치노가 번역했다—성서‘들’로 취급할 만큼 사상적으로 개방되어 있었으며, 신앙‘만’으로는 위험하다는 정신적 균형을 유지하고 있었다.

예컨대 이탈리아의 대신학자 성 토마스 아퀴나스St. Thomas Aquinas(1224?~1274)는 만년의 파리 대학 교수 시절에는 아베로에스주의자들을 논박하는 데 진력을 쏟아야 했지만, 젊은 시절에는 한 스승의 영향으로 아리스토텔레스를 자신의 철학적·신학적 도구로 받아들였으며, 아베로에스뿐 아니라 키케로 같은 이교 사상까지 연구하면서 그리스도교 사상과의 조화를 시도했다. 코란에 능통했던 독일 철학자 쿠자누스Nicolaus Cusanus(1401~1464)는 한 세기 뒤였다면 화형당해 마땅했을 주제들을 공공연하게 강단에서 가르치고 있었다. '위대한 로렌초' 및 피치노와 가까웠던 철학자 피코 델라 미란돌라Pico della Mirandola(1463~1494)는 그리스도교가 태고 신학을 원천으로 하고 있다고 주장하다가 교황청으로부터 단죄받고 투옥되었지만, 단죄된 내용을 수정해 무죄로 석방되었다. 그의 석방을 위해 피치노가 메디치 가문과 함께 개입했다는 것은 잘 알려진 사실이지만, 중요한 것은 이때만 하더라도 이단 심문은 지독하지도, 체계적이지도 않았다는 점이다.

레오 10세 사망 이후 신교 세력이 점점 커지고 세속 군주들의 세력까지 확장되면서 교황권은 점차 약화되었지만, 로마 교회는 별다른 조처를 취하지 못하고 있다가 파울루스 3세(재위 1534~1549)가 교황으로 선출되면서 새로운 전기를 맞았다. 그는 트렌토 공의회를 소집해 가톨릭 내부의 개혁을 최우선 과제로 추진하고, 예수회Societas Jesu를 설립해 교육 사업을 강화하는 등 가히 '개혁 교황'이라는 칭호에 걸맞은 행보를 보여주었다. 그러나 외부적으로는 1542년 로마에 종교 재판소를 세워 마녀 심문Inquistio을 자행하고 개신교 지역에 십자군을 파병하는 야만을 일삼았다. 이후 로마 교회의 만행은 훗날 20세기의 한 교황이 참회해야 했을 만큼 잔혹하기 이를 데 없었다. 태고 신학에 심취해 있던 철학자 조르다노 브루노Giordano Bruno는 예의 쿠자누스처럼 우주의 무한함을 주장하다가 체포되어 7년간 마녀 심문을 당했고, 결국 42세의 나이로 화형에 처해졌다. "처형당하는 나보다 처형하는 너희가 더 두려워할진저!" 브루노가 이 유명한 최후 진술을 남긴 해는 정확히 1600년, 그러니까 데카르트가 네 살되던 해이다. 이때 죽은 브루노의 혼백은 데카르트가 살아있는 동안 프랑스에서 두 차례나 더 화형당한다.

(2) 갈릴레오의 정신

16, 17세기의 과학 혁명은 대개 코페르니쿠스의 유고《천구의 회전에 관하여De revolutionibus orbium coelestium》와 베살리우스의《인체의 구조에 관하여De humani corporis fabrica》가 출간된 1543년부터 뉴턴의《자연 철학의 수학적 원리Philosophiae Naturalis Principia Mathematica》가 출간된 1687년까지의

약 150년간을 일컫는다. 이 기간의 가장 중요한 인물을 꼽으라면 아마도 갈릴레오일 것이다. 갈릴레오 갈릴레이Galileo Galilei(1564~1642)는 브레히트에 의해 권력 앞에서 무기력한 지식인의 표상으로서 무대 위에 세워지기도 했지만, 어떤 작가에 의해서는 지칠 줄 모르는 지식욕과 기존 권위에 굴하지 않는 르네상스적 천재의 표상으로 묘사되기도 했으며, 또 어떤 작가에 의해서는 과학계의 순교자라고 칭송받기까지 했다. 어쨌든 그가 파란만장한 삶을 살았다는 사실에 대해서는 모두 이견이 없는 셈이다. 이러한 그의 삶은 어쩌면 그가 17세에 피사 성당 천장에 매달린 램프의 흔들림을 보고 진자 주기의 등시성을 발견했을 때 이미 결정되었는지도 모른다.

갈릴레오는 20대에 피사 대학의 수학 강사가 되었지만, 끊임없는 실험과 저술을 통해 기존 지식의 권위에 도전했기 때문에 동료 교수들과 사이가 좋지 않았다. 수많은 일화가 있지만 그 가운데 몇 가지만 꼽아보자면, 하나는 피사 대학 시절에 무게가 다른 두 물체가 동시에 땅에 떨어진다는 것을 실험으로 입증한 일이다. 이로써 무거운 것이 먼저 떨어진다고 주장한 아리스토텔레스의 이론은 물론, 전면적으로 부정되었다. 다른 하나는 파도바 대학 시절 우주의 실제 모습을 망원경으로 관측하고 이 자료를 바탕으로 코페르니쿠스의 태양 중심설을 지지하는《시데레우스 눈치우스Sidereus Nuncius》(1610)를 출간한 일이다. 태양 중심설이 관찰에 의해 입증되었다는 것은 사람과 지구가 세계의 중심이라는 아리스토텔레스의 이론은 물론, 천구를 층별로 그려놓고 이를 토대로 존재자들의 위계질서를 세운 프톨레마이오스의 우주관까지 심각하게 위협하는 것이었다. 계속되는 그의 실험과 저술은 매번 지구 중심설의 권위적 기반이자 가톨릭 자연학의 양대 버팀목이었던 아리스토텔레스와 프톨레마이오스를 공격할 수밖에 없었으니, 그럴 의도가 있었든 없었든 그는 곧 종교 재판에 회부될 운명이었다.

1616년 교황청은 코페르니쿠스의 책을 금서 목록에 올리고 한 추기경을 통해 갈릴레오에게 태양 중심설 지지에 대한 경고를 주었다. 36세에 브루노의 화형을 접했던 갈릴레오로서는 한동안 움츠러들 수밖에 없었지만, 한편으로는 아리스토텔레스의 학문 방법론에 반대하고 새로운 수학적 모델을 제시하는 원고를 집필해 1623년 《분석자Il Saggiatóre》라는 책으로 출판했다. 이 책은 의외의 성공을 거두었고 마침 새 교황으로 선출된 우르바누스 8세까지 그의 사상을 극찬했다. 이에 안심한 갈릴레오는 다시 태양 중심설을 지지하는 《두 가지 주요 세계관에 관한 대화Dialogo dei due massimi sistemi del mondo》(1632)를 출판했다. 그러나 태양 중심설에 대해서만큼은 용서가 없었다. 교황은 분노했고, 이듬해에 그를 종교 재판에 회부해 유죄 판결을 내렸다. 갈릴레오는 당시 69세의 고령인데다 건강까지 좋지 않아서 투옥만은 면했으나, 그

대신에 가택 연금에 처해졌고 과학적 실험도 교회가 허락하는 범위에서만 가능하게 되었다. 그는 집 안에 갇혀 그런 소일거리로 여생을 보내다가 끝내 죄인으로서 사망했고, 사후 350년이 지나서야 교황 요한네스 파울루스(요한 바오로) 2세의 참회를 통해 사면되었다.

"그래도 지구는 돈다"라는 후일담을 남긴 이 유명한 종교 재판이 열린 것은 1633년이었다. 이때 37세의 데카르트는 갈릴레오의 판결 소식을 듣고서, 출판을 앞두고 있던 《세계론 Le Monde》(1664)의 원고를 다시 서랍 속에 밀어 넣어야 했다. 과학 혁명이 완수되기 위해서는 아직 50여 년이라는 세월이 더 필요했다.

(3) 앙리 4세와 몽테뉴의 회의주의

1572년 8월 18일 엔리케 데 나바라Enrique de Navarra(1553~1610)는 프랑스 국왕 샤를 9세의 누이와 결혼식을 거행했다. 나바라의 왕이자 프로테스탄트의 지도자였던 그가 로마 교회의 영향 아래 있던 프랑스 왕족과 결혼한 것은, 신교와 구교 사이에서 일어난 프랑스 내전을 종식하고 왕국 내 종교적 평화를 이루고자 한 그 자신의 정치적 결단이었다. 그러나 결혼식 직후 저 악명 높은 '성 바르톨로메오 축일의 밤' 사건이 일어난다. 일군의 구교도 세력이 파리에 축하객으로 머물고 있던 개신교도들을 무참히 학살한 것이다. 이후 두 달간 프랑스 전역에 걸쳐서 개신교도만 1만여 명이 학살당했고 반격에 의해 상당수의 구교도들 역시 살해당했다. 개신교도 엔리케는 목숨을 부지하기 위해 가톨릭으로 개종했지만, 1576년 파리를 탈출해 프랑스의 신교도들을 결집해서 군사를 일으켰고, 이로써 내전은 다시 시작되었다.

양측 지도자에 대한 암살과 보복이 반복되면서 1589년 엔리케는 프랑스의 국왕 앙리 4세로 즉위할 수 있었다. 그러나 가톨릭 진영이 개신교도였던 앙리 4세를 국왕으로 인정하지 않았기 때문에 왕위 계승 문제는 점차 미궁에 빠졌고 내전은 계속되었다. 1593년 앙리 4세가 재차 개종을 선언하고 형식적이나마 개신교를 비난하고 나서자, 구교 측도 그의 개종을 인정하고 이듬해에 대관식을 치르게 해주었다. 정세가 어느 정도 안정되자 그는 자신이 개종을 결심했을 때 숨겨둔 뜻을 점차 드러내기 시작했고, 1598년 낭트 칙령을 통해 가톨릭의 이단 탄압 금지 및 프로테스탄트의 시민적 권리 확보 등을 선언함으로써 36년간 지속된 프랑스 내전, 속칭 위그노 전쟁(1562~1598)을 종결시켰다.

전쟁은 종식되었으나, 이번에는 상대적으로 권리를 제한당했다고 느낀 구교 측이 '하나의 국왕, 하나의 국법, 하나의 신앙'을 주장하며 그를 압박하기 시작했다. 그러나 앙리 4세는 정치적 균형을 위해 가톨릭에 대한 배려 또한 잊지 않았다. 파울루스 3세에 의해 설립된 예수회의 교육 기관들이 프랑스 내에 확장, 설립된 것 또한 앙리 4세의 배려 가운데 하나였다. 한편 당시 프랑스를 제외한 유럽 전역이 종교 분쟁으로 아수라장이 되어가던 상황에서 앙리 4세의 관용책과 균형 감각은 신교와 구교를 막론하고 인정받는 추세였다. 또한 앙리 4세는 나바라 시절부터 자신을 보필한 쉴리 공을 재상으로 중용해 거의 파산 지경이었던 재정 상태까지 개선했으니, 백성들 사이에서도 성군으로서 이름이 높았다. 신이 허락한다면 "일요일에는 모든 국민이 냄비닭요리를" 먹게 하고 싶다던 그를 프랑스인들은 여전히 그리워한다고 한다.

앙리 4세의 관용과 균형 뒤에는 마지막 인문주의자 몽테뉴Michel Eyquem de Montaigne(1533~1592)가 있었다. 몽테뉴는 《수상록 Essais》(1580)을 통해 모럴리스트 문학의 선구자이자 회의주의자로서 잘 알려져 있지만, 사실 평생에 걸쳐 당시의 내전 및 정치 현안에 가장 깊이 연루돼 있었던 인물 가운데 한 사람이다. 몽테뉴는 몇 차례 은둔 생활을 한 적이 있지만 그 기간이 그리 길지 않았고, 본인의 바람과는 달리 늘 정치적 문제에 얽혀 다시 정계로 복귀해야 했다. 《수상록》을 집필하고 있던 1573년에는 가톨릭교도인 국왕 앙리 3세의 시종이 되었고, 이 기간 동안 개종하기 전의 나바라 왕 엔리케와 '성 바르톨로메오 축일의 밤'의 배후였던 가톨릭 진영의 기즈 공 사이의 불화를 중재하기 위해 적극적으로 나섰다. 결과는 실패였지만 말이다. 1577년에 그는 엔리케 왕의 시종이 되었다. 앙리 3세의 간곡한 부탁으로 보르도 시장을 지내고 나서 그는 다시 고향에 은둔했지만, 1587년 엔리케 왕의 밀서를 가지고 앙리 3세를 만난 사실이 발각되면서 양 진영 모두에서 의심을 받았으며 결국 양측에서 한 번씩 옥고를 치러야 했다. 앙리 3세가 암살당한 후로는 죽을 때까지 앙리 4세에게 헌신했다.

엔리케, 곧 앙리 4세와 몽테뉴는 비밀 결사의 동지였다는 추측이 있을 정도로 각별한 사이였다. 엔리케가 정치 일선에서 국왕으로서 활동했다면, 몽테뉴는 뒤에서 그를 도와 로비스트로 활동했다고 봐도 무방할 것이다. 두 사람은 프랑스 내전이 양측 모두 자신만이 옳다고 여기는 배타적 독선이나 광신에서 시작되었다고 확신했고, 이러한 확신에 따라 이들은 회의주의를 정치적 방법론으로 선택했을 것이다. 엔리케가 자신을 명확히 회의주의자로 인식했는지, 또 몽테뉴한테서 회의주의를 배웠는지는 단정 짓기 어렵지만, 중요한 것은 앙리 4세가 관용, 균형 등을 중시했으며, 이러한 유형의 고대적 회의주의를 당대에 부활시킨 장본인이 바로 몽테뉴라는 사실이다.

1610년 5월 14일, 앙리 4세는 유럽 전체의 정치적 균형을 이루기 위한 원대한 계획을 세우고자 쉴리 공을 만나러 가다가 파리 시내 한복판에서 한 가톨릭 광신자에게 피살당하고 만다. 이 소식은 유럽 전역에 충격을 주었고 프랑스 내외의 관용주의자들은 절망에 빠졌다. 앙리 4세의 피살은 단순히 권력 다툼에 의한 사건이 아니라, 종교적 관용과 철학적 회의주의의 현실적 불가능성을 전 유럽에 알리는, 일종의 시대적 전환점이었다. 이후 프랑스를 비롯한 유럽 대륙의 철학사는 이것도 옳고 저것도 옳다는 식의 양시론이나 타인의 가치관에 관해 신중하게 접근하는 회의주의를 배척하고 양자택일과 확실성, 수학과 같은 정답, 단도직입적 확신, 다소 배타적인 독단론을 추구하는 방향으로 급격히 전환된다.

피살된 앙리 4세의 심장은 생전의 유언에 따라 1603년 그가 설립한 왕립 학교 '라플레슈Collège Henri IV de La Flèche'에 안장되었다. 그는 예수회의 든든한 지원자이자 라플레슈의 설립 부지를 기증한 후원자였으니, 그의 피살은 이 왕립 학교에도 적지 않은 충격을 준 것이 틀림없다. 장례식은 라플레슈의 구성원들이 전원 참석한 가운데 성대히 치러졌고 그 사이에는 투렌 출신의 꼬마 철학자도 있었다. 이때 그의 나이는 14세. 이 피살 사건이 한창 사춘기였던 그에게 얼마나 깊은 인상을 심어주었는지, 이후 어떻게 회고되었는지 명확히 알려진 바는 없지만, 지금까지도 유럽인들이 가장 참혹한 전쟁으로 회고하는 최초의 세계대전, 이른바 '30년 전쟁'이 바로 이 종교적 관용책의 실패로 시작되었다는 점, 데카르트가 이 전쟁의 주 무대인 신성로마제국에 머물렀다는 점, 30년 전쟁이 그가 사망하기 2년 전에야 비로소 종결되었다는 점을 고려할 때, 그가 두고두고 이 사건을 회상했을지 모른다는 추측도 어느 정도는 가능하다. 그리고 이것이 사실이라면 우리는 이 꼬마 철학자의 성장기에 관해 적지 않은 부분을 알고 있는 것이다.

2. 르네를 찾아서 — 생애와 저술

(1) 어느 꼬마 철학자의 출생과 출가

르네 데카르트(라틴명은 레나투스 카르테사우스Renatus Cartesius 또는 레나투스 데스 카르테스Renatus des Cartes)는 1596년 3월 31일 프랑스 투렌 주의 소도시 라에에서 태어났다. (이 마을은 현재 데카르트로 이름을 바꾸어 그를 기리고 있다.) 가톨릭 교도였던 아버지 조아킴Joachim은 변호사로서 브르타뉴 주 렌 시의 시의원을 지냈다. 어머니 잔 브로샤르Jeanne Broshard는 데카르트를 낳은 이듬해에 그의 동생을 사산하고 사흘 뒤에 세상을 떴다. (그녀는 다섯 아이를 낳았고 데카르트는 살아남은 마지막 아이이자 세 번째 아이였다.) 데카르트는 스무 살이 넘도록 마른기침을 하고 낯빛이 창백했지만 그 이후로는 건강한 편에 속했다. 그는 자신이 어머니로부터 물려받은 좋지 않은 체질을 늦잠 자는 습관 덕에 개선할 수 있었다고 생각했다. 한편 몸은 약했지만 지적 능력은 뛰어났던 그를 아버지는 '나의 꼬마 철학자'라고 부르곤 했다.

데카르트는 어린 시절을 주로 집에서 할머니와 형 피에르, 누나 잔과 함께 보냈다. 1604년 앙리 4세가 예의 라플레슈를 설립하자 피에르는 이 학교에 입학했고, 1607년(또는 1606년) 데카르트도 형을 따라 같은 학교에 입학해 1615년까지 거기서 공부했다. 당시 예수회 교육 체계는 우선 프랑스어, 라틴어 문법, 그리스-로마의 수사학을 배운 뒤 마지막 3년간 논리학, 윤리학, 자연 철학, 수학, 형이상학을 배우는 것으로 되어 있었다. 철학 관련 교과서는 대개 토마스 아퀴나스가 주해를 달아놓은 아리스토텔레스의 저작들이었다는 설도 있고, 스페인 예수회 철학자 프란시스코 수아레스의 저작이었다는 설도 있지만, 어쨌든 데카르트가 철저히 아리스토텔레스 철학에 기초한 스콜라 철학을 교육받았음은 틀림없다. 데카르트는 라플레슈를 졸업한 후 아버지와 형의 뒤를 이어 법학을 공부했으며, 1616년 푸아티에 대학에서 교회법과 시민권에 관한 연구로 문학 석사Magister Artium를 받았다. 그러나 이 대철학자의 공식적인 학력은 여기까지이다. 그는 이제 대학을 떠나 '세상이라는 커다란 책'으로부터 실용적이고 실질적인 지식을 얻고자 했다. 이는 당시의 제도권 교육이 그에게는 무용하고 비현실적인 것으로 느껴졌음을 반증하는 것이기도 하다.

(2) 30년 전쟁 발발과 두 차례의 군 생활

22세가 되던 1618년에 데카르트는 느닷없이 네덜란드의 마우리츠 반 나사우Maurits van Nassau 왕자의 프로테스탄트 군, 이른바 오렌지 군단에 장교로 지원해 약 2년간 종군한다. 학교를 떠나 실제적 지식을 얻겠다는 사람이 군대에 지원한다는 것은 지금의 시각으로는 다소 기이한 일이다. 가톨릭 예수회 학교 출신이 개신교 진영에서 종군했다는 것 역시 기이하다. 봉급도 받지 않았으니 돈을 벌기 위한 것도 아니었다.

그러나 알다시피 네덜란드는 합스부르크 왕국(지금의 스페인)의 지배에 대항해 약 80년간의 독립 전쟁(1568~1648)을 치렀으며, 이 기간 동안 프랑스와 동맹을 맺고 있었다. 프랑스는 가톨릭 진영에 속했지만 합스부르크의 영지가 프랑스 주변을 거의 포위하고 있는 것이나 다름없었기 때문에 프랑스로서는 네덜란드를 도와 합스부르크 왕국을 견제할 수밖에 없었다. 게다가 프로테스탄트였던 앙리 4세가 즉위하자 합스부르크 왕국은 그의 즉위를 인정하지 않았으니, 프랑스로서는 다른 선택이 없었던 듯하다. 그 무렵 합스부르크 왕국은 네덜란드 및 영국과의 전투에서 연달아 패배하면서 세력이 크게 약화되었고, 이번에는 프랑스가 전쟁을 일으켜 1595년 합스부르크 왕국으로부터 프랑스에 대한 영구적 불가침과 앙리 4세의 왕위 계승 인정을 골자로 한 베르뱅 조약을 받아냈다. 이 조약이 프랑스 내전을 종결시킨 낭트 칙령의 배경이 되었음은 두말할 나위가 없다. 이렇게 보면 앙리 4세의 학생이 나사우 군으로 종군한 것은 어쩌면 당연한 일이었고, 오히려 2년 뒤 가톨릭 진영에서 종군한 것이야말로 기이한 일처럼 보인다.

어쨌든 나사우 종군 시기에 그가 얻은 학술적 수확이라면 1618년 11월 네덜란드의 철학자이자 수학자인 이삭 베이크만Isaac Beeckman(1588~1637)을 만난 것이다. 베이크만은 데카르트에게 당시 네덜란드에서 화제가 되고 있던 수학적 문제들을 라틴어로 전해주었다. 데카르트는 그에게 자신의 수학적 능력을 보여주었고, 그는 데카르트에게 자연 철학에서의 수학의 중요성을 가르쳐주었다. 음악에 관해서도 서로 대화를 나누었던 것으로 전해진다. 데카르트는 이 무렵부터 여러 가지 길고 짧은 생각들을 노트에 적기 시작했으며, 그해 마지막 날에는 그의 첫 저술《음악 개론Compendium Musicae》을 베이크만에게 헌정했다.

한편 그가 종군을 시작한 1618년은 30년 전쟁이 시작된 해이기도 하다. 그러나 그의 나사우 종군 시기는 네덜란드의 80년 전쟁 중 12년간의 휴전기(1609~1621)에 속했기 때문에 그가 직접 군사 행동에 참가할 일은 거의 없었다. 이듬해 3월 데카르트는 덴마크, 폴란드, 헝가리를 거쳐 30년 전쟁의 주 무대인 독일 지역(당시 신성로마제국)에 도착했고, 바이에른 공 막시밀리안 1세가 이끄는 가톨릭 군대에 들어간다. 어떤 연구자들은 이때도 실제 군사 행동에는 참가하지 않았다고 전하고, 어떤 연구자들은 '갑옷 입은 수도사' 틸리Tilly 백작 부대의 출정에 몇 차례 참여했다고 전한다. 그러나 군사 행동과는 별도로 데카르트는 프랑크푸르트에서 거행된 페르디난트 2세의 대관식(1619)을 참관했다.

페르디난트 2세는 합스부르크 왕가 사람으로서 가톨릭 대제국의 건설을 추진한 인물이다. 그는 1617년에 보헤미아의 왕, 1618년에 헝가리의 왕이 되면서 보헤미아의 프로테스탄트를 강하게 탄압했고, 이 때문에 일어난 프라하 창문 투척 사건47은 바로 30년 전쟁의 시발점이 되었다. 1619년 페르디난트 2세가 신성로마제국의 황제까지 겸하게 되자, 개신교 연합은 이를 인정하지 않았고 프리드리히 5세를 보헤미아의 왕으로 옹립함으로써, 보헤미아를 중심으로 한 신교 연합(제후군)과 신성로마제국을 중심으로 구교 연합(황제군) 간의 기나긴 전투가 시작되었다.

데카르트는 1619년의 대관식을 참관하고 부대로 복귀하던 중 11월 10일 성 마르틴 축일 전야를 맞아 도나우 강변의 노이베르크에 머무르게 되었다. 이날 밤 데카르트는 인생의 방향을 결정하게 된 세 가지 기묘한 꿈을 연달아 꾸었다. 이에 대한 기록은 소실되었지만, 그는 이 꿈들을 통해 자신의 사명이 자연, 곧 이성의 빛에 따른 진리 탐구라는 것을 확신하고, 이탈리아 로레토를 향한 성지 순례를 서약했다.

그해 독일에서의 겨울은 평화로웠다. 이 무렵 그는 〈제1성찰〉의 도입부처럼 온종일 한가롭게 난롯가에 앉아 고요히 사색할 수 있었고, 그 덕분에 수학적 문제들에 관한 여러 가지 기획안과 방법에 관한 논고인 《정신 지도를 위한 규칙들 Regulae ad Directionem Igenii》도 쓰기 시작했다. (이것은 1628년까지 계속 집필된 것으로 추정되나 결국 완성되지 않았고, 1701년 그의 유고집에 수록되었다.) 1620년의 회고에 따르면, 그는 이 해 겨울에 '놀라운 학문의 기초들'을 깨닫기 시작한 것이다.

다시 참전 여부로 돌아가자. 만일 데카르트가 틸리 사령관과 함께 출정했다면 아마도 이 겨울을 보낸 뒤일 것이다. 그는 겨우내 조용한 시간을 보냈고, 틸리 부대는 1620년부터 전투를 시작했으니 말이다. 본격적인 전투가 시작되고 나서 1620년 11월 8일 틸리 부대는 바이센베르크에서 보헤미아의 프로테스탄트 군을 괴멸시킴으로써 프라하까지 점령했다. 승기를 잡은 페르디난트 2세는 이듬해 6월 21일에 프라하 구시가지 광장에서 반란에 가담한 보헤미아의 지도자 26명의 목을 베어 이 중 12명의 머리를 카를루프 모스트(일명 찰스 브리지) 양쪽 탑 꼭대기에 10년간이나 매달아두었다고 하니, 과연 악명 높은 장군을 부릴 만한 악명 높은 황제였다.

앞의 가정대로 만일 데카르트가 출정을 했다면 저 바에센베르크의 전투에 참가했을 공산이 크다. 물론 출정했다 하더라도, 그는 관측 장교였기 때문에 아마도 전투 일선에 나설 일은 없었을 것이라는 설도 있고, 또 급여를 받지 않는 대신 그에게는 아무런 군사적 임무도 주어지지 않다는 설도 있다. 반면에 그가 바이에른 공을 위해 종군한 목적이 애초부터 당시 독일 지역에서 크게 흥하고 있던 태고 신학 계열의 결사 '장미십자회Rosenkreuz'를 연구하는 데 있었다는 설도 있다. 실제로 그는 이 시기에 이 결사의 회원들과 접촉하려 시도했다.

어쨌든 그는 독일과 보헤미아 지역의 전쟁 상황을 속속히 보고받았을 것이며, 프라하의 처형 소식을 듣고는 신교든 구교든 신의 이름을 빌려 자신의 야망을 관철시키려는 인간들의 모습에 진저리를 쳤을지도 모른다. 이유는 밝혀지지 않았지만, 데카르트는 바로 그 처형의 해에 종군을 완전히 그만두고 파리로 돌아간다.

(3) 파리를 떠나 네덜란드로

파리에 잠시 머무는 동안 데카르트는 라플레슈 제1기 출신이자 평생의 동학이었던 신부 마랭 메르센Marin Mersenne (1588~1648)과 재회했다. 당시 메르센 신부는 '지극히 미천한 사람들'의 모임, 즉 '미님회Minimi'에 속해 있었고, 거기서 만난 수학자, 공학자, 물리학자들과 서클을 만들어 활동하고 있었다. 데카르트는 이때 인연을 맺은 두 사람과 함께 광학과 렌즈의 구조 등을 연구하기도 했다.

한편 그는 이 무렵에 어머니한테 물려받은 영지를 팔아, 영주의 칭호(Seigneur du Perron)를 잃는 대신 웬만한 자금을 확보했으며, 이 자금의 일부를 들고 1623년 서약대로 성지 순례를 떠나 2년간 이탈리아를 여행했다. 1625년 봄에 다시 파리로 돌아온 그는 메르센의 서클과 계속 교제했고 몇몇 사람들과는 서신을 교환했다. 프랑스 오라토리오회의 창시자 피에르 드 베륄Pierre de Bérulle을 만난 것도 이 무렵이다. 베륄 추기경은 사적인 자리를 만들어 데카르트의 사상을 경청하고 그의 철학이 무신론의 해결책이라며 그를 격려했던 것으로 전해진다.

파리의 사교 생활이 화려해 보였을지는 모르겠지만, 데카르트는 그런 식으로 자신의 불안을 잠재워야 했는지도 모른다. 그가 이탈리아에서 돌아왔을 때 파리는 시인 테오필 드 비오Théophile de Viau(1590~1626)의 초상화 화형 사건으로 떠들썩해 있었다. 개신교도인 비오는 당시 파리에서 자유사상가들의 지도자로 명성을 얻고 있었다. 예수회는 그가 부르고뉴 극단의 전속 작가로 잠깐 일하던 시기에 집필한 희곡 〈피라무스와 티스베의 비극적 사랑Les amours tragiques de Pyrame et Thisbé〉(1621년 초연)을 꼬투리 잡아 그를 불경죄로 기소했다. 비오가 체포당하기 전에 도주하자 재판부는 피고의 자리를 비워둔 채로 재판을 진행해 파리 노트르담 대성당 앞에서 맨발에 산 채로 화형에 처하라는 판결을 내렸고, 무엇에 쫓

겼는지 도주한 피고를 체포하기도 전에 형을 집행했다. 비오 대신에 그의 초상화가 불태워진 것이다.

이 웃지 못할 사건은 1619년에 이미 예고되어 있었다. 비오는 사상적 계통에서 보자면 이탈리아 자유사상가 루칠리오 바니니Lucilio Vanini(1585~1619)의 후예이다. 바니니는 조르다노 브루노 계열의 범신론자였고, 자신의 저술을 변호하기 위해 프랑스에 왔다가 우여곡절 끝에 소르본에 의해 불경죄로 기소되었다. 브루노의 최후 진술이 재생될까 두려웠던 것일까? 바니니는 1619년 툴루즈에서 혀를 잘리고 화형에 처해졌다.

한편 비오의 초상화가 화형된 해에 파리에서는 일군의 과학자들이 반反아리스토텔레스주의라는 혐의로 기소되어 파리에서 추방되기도 했다. 예술, 과학, 종교, 철학 등 거의 모든 분야에 대한 사상 검증이 이루어지던 시기의 파리. 데카르트는 결코 세련되지 않았던 그 파리를 떠날 수밖에 없었다.

1628년 말, 데카르트는 파리를 떠나 사상적으로 완전히 개방되어 있었던 네덜란드로 이사했다. 이후 스웨덴으로 이사할 때까지 20년간 네덜란드에 살면서 대부분의 저술을 집필했고, 파리는 잠시 들르는 정도로 몇 차례 방문했다. 이 기간 동안 그가 완전히 은둔 생활을 한 것처럼 묘사하는 연구자들도 있는데, 이것은 부분적으로만 맞는 이야기이다. 특정 기간을 제외하면 데카르트는 메르센 서클과의 서신 교환도 활발히 했고, 나사우 종군 시기에 만난 베이크만과도 재회했으며, 이외에도 다양한 지식인들을 새로 만나 교제했다. 수학자 야코프 반 홀Jacob van Gol, 물리학자 헨드릭 레네리Hendrik Reneri와 그를 통해 만난 헨드릭 데 로이Hendrik de Roy(우리에게는 라틴명 레기우스Regius로 잘 알려져 있으며, 프랑스명은 앙리 르 루아Henri le Roy), 논리학자 아드리안 헤르보르트Adriaan Heerboord, 정치가 콘스탄테인 하위헌스Constantijn Huygens(물리학자 크리스티안Christiaan의 아버지) 등이 이때 새롭게 친분을 나눈 사람들이다. 당시 개신교 칼뱅주의가 확산돼 있던 네덜란드에서 데카르트는 이들을 만나 늘 가톨릭 교리를 옹호하거나 대변해야 했지만, 그래도 어쨌든 그곳은 파리처럼 위협적이거나 어수선하지는 않았기 때문에 그는 네덜란드 생활을 상당히 만족스러워했다. 그러나 그는 더 조용하거나 더 전원적인 환경을 찾아 계속 이사를 했으며, 일정 기간 어느 곳에선가는 정말 은둔해 있기도 했다.

(4) 《세계론》 출판 취소와 《방법서설》 출판 이후

네덜란드로 이주하자마자 약 9개월간 데카르트는 형이상학에 관한 논고들(현재 소실)을 썼다. 이듬해에는 겹태양이 나타나는 환일 현상의 해명에 몰두했고, 기상학, 광학, 물리학 등을 연구해 〈기상학〉, 〈굴절 광학〉을 집필했다. 1633년 가을에는 코페르니쿠스와 갈릴레오의 지동설을 프랑스어로

지지하는 원고를 완성해 《세계론》이라는 책으로 출판할 계획이었으나, 갈릴레오의 유죄 판결 소식을 듣고 취소했다. (《세계론》은 1664년에 비로소 출판된다.) 청년 갈릴레오가 《시데레우스 눈치우스》를 출판하고 지동설 지지를 경고받자 방법에 관한 저작 《분석자》를 출판했듯이, 데카르트 또한 《세계론》 출판을 접는 대신 아리스토텔레스의 방법론을 비판하고 자신의 새로운 방법론을 제시하는 내용의 원고를 자전적 형식으로 작성하기 시작했고, 이 원고가 완성되자 미리 완성해놓은 〈기상학〉, 〈굴절 광학〉 및 새로 집필한 〈기하학〉을 묶어 《자신의 이성을 잘 지도하고 학문에서 진리를 탐구하기 위한 방법에 관한 서설 및 이 방법의 시론들인 굴절 광학, 기상학, 기하학*Discours de la méthode pour bien conduire sa raison, & chercher la vérité dans les science. Plus la dioptrique, les météores, et la géométrie. Qui sont des essais de cette méthode*》(1637, 레이던)이라는 책으로 출판했다.[48] 이 저작 역시 프랑스어로 쓰였으며, 출판 당시의 저자는 익명이었다. 《방법서설*Discours de la méthode*》로 잘 알려져 있는 이 책은 공식적으로 기록된 데카르트의 첫 출판물이다. 알다시피 "나는 생각한다, 그러므로 나는 있다"라는 이른바 코기토Cogito 명제는 이 《방법서설》의 제4부에 처음 등장한다. 물론 이것이 명실상부한 철학의 제1원리로서 견고하게 제시되는 것은 4년 뒤 다른 저작을 통해서이지만 말이다.

데카르트는《방법서설》을 출판한 뒤 출판 계약 시 요청했던 대로 여러 부를 받아 지인들, 귀족들, 다양한 지식인들, 예수회 신부들 등에게 보냈다. 앙리 4세의 왕위를 이은 루이 13세와 당시 재상을 지낸 추기경 리슐리외에게도 보낸 것으로 전해진다. 이러한 점으로 미루어, 그가 익명으로 출판한 것은 자신의 글로 인해 입을 화를 면하기 위해서라기보다는,《방법서설》제6부에서 말하고 있는 것처럼 일반 독자들이 아무런 선입견 없이 자신의 책을 접했으면 하는 바람 때문이었다.[49]

그는 나름대로 자신의 책을 공정하게 평가받고자 했고, 어쩌면 갈릴레오의《분석자》같은 대성공을 기대하고 있었는지도 모른다. 그러나 사정은 여의치 않았다. "신과 인간 정신에 관한 물음은 이미 1637년 프랑스어로 출판된《자신의 이성을 잘 지도하고 학문에서 진리를 탐구하기 위한 방법에 관한 서설》에서 약간 다룬 적이 있다. 물론 나는 거기서 이 물음을 철저히 연구하려 했던 것이 아니라, 단지 운만 떼어놓고 이 물음을 나중에 어떻게 다루어야 할지 독자의 판단으로부터 배우려 했다……나는 그 책에서 무언가 반박할 만한 것을 발견한 사람이 있으면, 누구든지 지적해달라고 요청한 바 있지만, 두 가지를 제외하고는 이 물음에 관하여 주목할 만한 반론은 없었다"(25~26쪽). 그는 독자들의 호응을 기대하고 있었지만 큰 소득을 얻지는 못했다.《방법서설》이 프랑스어로 쓰인 과학서임을 고려한다면 그다지 이상한 일도 아니다. 당시 지식인들에게는 라틴어만이 권위 있는 언어였기 때문에 그 책이 하찮게 보였을 것이며, 프랑스어에 친숙한 보통 사람들에게는 그 책에 담긴 새로운 학문적 시도들이 너무 어렵게 느껴졌을 것이다. 아무리 "운만 떼어"놓았다지만, 독자들의 외면은 그를 적잖이 실망시켰다. 더구나 《방법서설》은 그의 첫 출판물이었다.

당분간 데카르트는 아무런 저술도 출판하지 않았다. 사람들이 아직도 자신의 사상을 충분히 이해하지 못한다고 불평을 늘어놓기도 했다니,《방법서설》직후 그는 '사상적으로' 다소 불행하다고 느꼈을 것이 틀림없다. 그러나 '일상적으로'는 나름대로 행복한 한때를 지내고 있었다.

데카르트는 1634년 8월 암스테르담에서 서점을 운영하는 지인의 집에서 하숙하며 잠시 암스테르담에 체류했다가 그해 겨울 다시 드벤테르로 돌아왔다. 돌아올 때는 그 집의 가정부로 있던 헬레나 얀스Helena Jans van der Strom와 함께였고, 이듬해 7월 19일 헬레나는 아이를 낳았다. 그들은 합법적인 부부는 아니었지만, 데카르트는 그 아이를 1635년 8월 7일 개신교 세례명부에 '아버지─조아킴의 아들 르네, 어머니─헬레나 얀스, 아이─프란신트헤Fransintge'라고 등록했다. 그가 여기에 자신의 이름을 올린 것은 일종의 개종으로 간주될 수도 있다. 그가 죽을 때까지 가톨릭교도였고 또 이것이 사실 형식적 개종에 불과했다 하더라도, 어쨌든 개종은 개종이다. 앙리 4세가 정치적 목적에서 개종했던 것과 달리, 데카르트는 딸의 미래를 위해 39년간 지켜온 종교적 신념의 형식적 틀을 벗어던졌다. 물론《방법서설》을 출판한 다음 달인 1637년 8월에 그가 문서상으로 프란신트헤와의 관계를 질녀로, 헬레나와의 관계를 고용된 가정부로 정리하긴 했지만, 이것은 당시 칼뱅주의의 생활 방식 때문이었을 것으로 보이며, 이후로도 이들은 확실히 한 가족을 이루고 살았다.

프란신트헤 출생 이후 한동안은 데카르트의 주소지가 상당히 불분명하고 일상에 관해서도 공개된 것이 거의 없다. 다만 그가 1638년 5월 27일 메르센 신부에게 보낸 편지에서 자신이 최근에는 네덜란드 북부의 어느 구석진 곳에서 살고 있고, 아무도 성가시게 하지 않는 그 동네에서 언제까지나 살고 싶다고 전한 사실, 또한 그 무렵 딸과 함께 프랑스 여행까지 계획하고 있었던 사실 등으로 미루어, 그의 가족이 어느 정도 숨어 지낸 것은 사실이지만 꽤나 행복하게 지내고 있었음을 알 수 있다.

그러나 이런 행복은 그리 오래가지 못했다. 1640년 11월 7일(또는 17일) 다섯 살배기 프란신트헤는 급성 소아 전염병인 성홍열을 앓다가 세상을 뜨고 만다. 슬픔은 여기서 멈추지 않았다. 다음 달에는 그의 아버지가 사망했고 얼마 지나지 않아 누이 잔까지 사망했다. 몇 달 사이에 그는 형을 제외한 거의 모든 가족을 잃은 셈이다. 가뜩이나 싫었던 파리로 돌아가야 할 이유가 이제 그에게는 거의 없었다. 프란신트헤가 죽고 나서도 헬레나는 데카르트와 가깝게 지냈고 1643년에는 에흐몬트-비넨으로 함께 이사했다. 이듬해 헬레나가 그 도시에서 숙박업을 하던 얀 얀즈Jan Jansz van Wel와 결혼하게 되었을 때 데카르트는 이 결혼을 위해 네덜란드 금화 1,000휠던을 지참금으로 내놓았고, 헬레네가 결혼한 뒤에도 1649년 스웨덴으로 이주할 때까지 그 도시에 살았다.

(5)《성찰》과《철학의 원리》출판

《방법서설》이후의 당분간의 침묵을 깨고 데카르트는 1641년 라틴어 저작《성찰Meditationes de Prima Philosophia》을 출간했다. 앞서 말했듯이 데카르트는《방법서설》제4부에서 문제제기 정도로 그쳤던 내용들을 바로 이 책으로 확장시켰다. 또《방법서설》이 출판되었을 때와 비슷하게, 그러나 이번에는 출판되기 전의 원고가 여러 사람들에게 보내졌고, 출판본에는 원고를 읽은 이들이 제기한 반문과 이에 대한 데카르트의 대답이 〈반론과 답변Objectiones & Responsiones〉으로 묶여 수록되었다.[50]

〈반론과 답변〉이 시작된 것은 조금은 우연이었다. 데카르트가 처음에《성찰》의 원고를 보낸 상대는 바니우스Bannius와 블루마어르트Bloemaert라고 알려진 두 네덜란드인 친구이다. 그런데 이들이 그 원고를 다시 가톨릭 신학자 요한 데 카터르Johan de Kater(라틴명 카테루스Caterus)에게 전하면서 〈반론과 답변〉의 첫 묶음이 시작된 것이다. 카테루스는 (아마도 두 친구의 요청에 의해) 여러 가지 반문을 담은 글을 작성했고, 이것을 받은 데카르트는 다시 그 반문에 대답을 달았다. 데카르트는 이 한 묶음의 문답을 파리의 메르센에게 전하면서 여러 지식인들에게 회람시켜달라고 부탁했고, 메르센은 회람은 물론 회수까지 도맡아주었다. 그리하여 《리바이어던》(1651)의 토머스 홉스Thomas Hobbes, 《포르-루아얄 논리학》(1662)의 앙투안 아르노Antoine Arnault, 《에피쿠로스 대전》(1649)의 피에르 가상디Pierre Gassandi, 이렇게 세 사람이 각각 작성한 반문 세 묶음과 여러 신학자 및 철학자의 반문이 편집된 두 묶음, 총 다섯 묶음이 데카르트에게 전해졌고, 데카르트는 그 각각에 다시 대답을 달았다. 《성찰》 초판(1641, 파리)에는 이 여섯 묶음의 〈반론과 답변〉이 수록되었다. 재판(1642, 암스테르담)에는 수학자이자 예수회 신부인 피에르 부르댕Pierre Bourdin과의 문답이 하나 더 추가되었고, 데카르트가 라플레슈 시절의 스승 자크 디네Jacques Dinet에게 보내는 긴 편지글이 수록되었다.

그러나 가까운 지인들의 개인적 호평을 제외하면 《성찰》 또한 지식인들로부터 별다른 호응을 받지는 못한 듯하다. 게다가 재판이 출판된 이듬해에 위트레흐트 대학의 학장 헤이

스베르트 푸트Gijsbert Voet(라틴명 보에티우스Voetius)는 데카르트의 철학이 아리스토텔레스에 반하는 철학이라며 자기 대학에서 이 '새로운 철학'에 관한 강의를 금지시켰다. 푸트는 데카르트의 철학이 1619년에 화형당한 바니니의 사상을 떠올리게 한다고 비난한 것으로 전해지며, 데카르트는 그에게 항의 편지를 쓰면서 그의 인생에서 아주 이례적이라 할 만한 분노를 표출한 것으로 전해진다. '보에티우스의 분노'로 알려져 있는 이 사건은 우리의 입장에서는 실은 '데카르트의 분노'였던 것이다. 그의 분노는 어쩌면 시간에 쫓기는 사람의 조급함과 입지를 잃어가는 사람의 불안감을 동시에 보여주는 것인지도 모른다.

당연히 푸트의 금지령은 제일 먼저 그 대학에서 새로운 철학을 가르치던 데카르트의 추종자 레기우스를 압박했다. 데카르트는 레기우스와 함께 보에티우스의 견해를 반박하는 편지를 썼지만, 위트레흐트 시의회는 이 편지를 일종의 비방으로 간주하고 오히려 데카르트에게 소환장을 보냈다. 데카르트는 프랑스 대사에게 보호를 요청했고 대사가 나서고 나서야 사건은 잦아들었다. 이렇게 보면《성찰》이 재판까지 출판되었음에도 별 호응을 받지 못한 까닭을 짐작할 수 있을 듯하다. 내심 그의 사상에 동의한 학자들이라 할지라도 자신의 '점잖은' 지위를 잃지 않기 위해서는 침묵해야만 했던 것이다.

푸트에 대한 저항이었을까? 데카르트는 이듬해인 1644년 교과서 형식으로 집필된 라틴어 저작 《철학의 원리*Principium Philosophiae*》를 암스테르담에서 출판했다. 목차[51]만 봐도 알 수 있듯이, 데카르트는 자신의 모든 학문적 성과들을 이 책으로 집대성했고, 그만큼 이 책은 그의 야심작이었다. 물론 어느 부분은 푸트에 대한 저항의 표현으로서 새로운 《성찰》이기도 했고, 어느 부분은 예전에 출판을 접었던 《세계론》의 라틴어본이기도 했으며, 어느 부분은 《방법서설》에서 제시된 시론들의 완성이기도 했다. 《철학의 원리》는 여러모로 데카르트의 한풀이가 담긴 저술이었다. 그러나 기득권층이 장악하고 있는 학교에 '새로운 철학'을 도입하는 일은 법학 석사 출신의 뜨내기 철학자에게는 역부족이었다. 게다가 위트레흐트 대학은 1645년 데카르트 사상에 관한 강의 금지를 재확인했고, 이로써 푸트의 막강한 권력은 재확인되었다.

몇 년 뒤 데카르트는 《성찰》과 《철학의 원리》의 프랑스어본을 파리에서 출판했다. 그는 네덜란드로 이주한 뒤 몇 차례 파리를 방문했는데, 이것이 두 책의 프랑스어본을 출판하는 계기가 된 듯하다. 프랑스어본 《철학의 원리*Principes de la philosophie*》는 메르센 서클의 일원이던 클로드 피코Claude Picot 신부가 번역했다. 1644년 초에 데카르트는 이 번역의 일부를 받아 보았고, 1646년부터는 직접 교정을 보고 몇 가지 내용을 새로 첨가하기도 했다. (이 때문에 어떤 연구자는 이 프랑스어본을 라틴어본과 다른 책으로 간주하기도 한다.) 또한 프랑스어본에는 〈피코 신부에게 보내는 편지〉가 서문으로 수록되었다. 《성찰》의 프랑스어본 제목은 "형이상학적 성찰Les méditations métaphysiques"이다. 본문은 뒤크 드 뤼enDuc de Luynes이 번역했고 〈반론과 답변〉 가운데 우선 세 편이 클로드 클레르슬리에Claude Clerselier의 번역으로 수록되었다. 〈반론과 답변〉 전체는 데카르트 사후에 출판된 프랑스어 재판(1661, 파리)에 수록되었다.

파리가 싫어 그곳을 떠났지만 데카르트는 여전히 파리를 바라보고 있었다. 《성찰》 라틴어본을 출판했을 때는 이 책을 소르본의 신학자들에게 헌정했고, 《철학의 원리》 라틴어본을 출판했을 때는 예수회가 이 책을 교과서로 채택하길 바랐다. 한편 두 책의 번역서를 파리에서 출판해 라틴어를 잘 모르는 일반 독자들까지 설득하고자 했다. 암스테르담에서의 불리한 상황들을 파리에서부터 풀어올 수 있을 것이라 생각했는지도 모르지만, 어쨌든 파리를 떠난 지 10여 년이 지났어도 그는 여전히 파리를 설득하고 있었다.

네덜란드에서 그의 입지는 점차 좁아지고 있었고 생활은 소란스러워졌다. 아마 그럴수록 파리가 더욱 그리웠겠지만, 돌아갈 만한 상황도 못 되었고 딱히 돌아갈 이유도 없었다. 엎친 데 덮친 격으로 1647년에는 제자 레기우스가 변심해 그의 사상을 비판하는 소책자를 출판했으며, 그는 이를 반박하는《프로그램에 대한 주석*Notae in Programma quoddam*》을 집필해야만 했다. 1648년에는 레이던 대학까지 그에 관한 강의를 금지했다. 프란신트헤를 잃고 헬레나를 떠나보낸 그로서는 이제 더 이상 네덜란드를 고집할 이유가 없었다.

(6) 30년 전쟁 종결, 네덜란드를 떠나 스웨덴으로

1648년은 기나긴 30년 전쟁이 베스트팔렌 조약과 함께 종식된 해이기도 하다. 30년 전쟁은 초반에 틸리 백작의 활약에 힘입어 점차 황제 페르디난트 2세의 승리로 기울어가는 듯했다. 그런데 황제군이 발트 해까지 진출하자 스웨덴은 이 위협을 대륙 진출의 명분으로 삼아 1630년 선제후군과 동맹을 맺고 참전한다. 이때부터 30년 전쟁은 새로운 국면을 맞는다. 스웨덴 국왕 구스타브 2세 아돌프는 1631년 9월 라이텐펠트의 대승을 이끌며 단숨에 가톨릭 진영을 수세에 몰아넣었고 12월에는 독일 서남부 마인츠까지 점령한 뒤 겨울을 났다. 이듬해 4월 레히 강변 라인 전투에서 틸리 백작마저 치명적 부상을 입고 그달 말 잉골슈타트에서 사망했다. 황제군의 사기는 바닥에 떨어졌고 스웨덴군의 승전보는 계속되었다. 같은 해 11월 스웨덴군은 라이프치히 인근 뤼첸 전투에서 또다시 승리를 거두었으나 이 처절한 전투에서 구스타브 2세가 사망하자 여섯 살의 크리스티나(1626~1689)가 스웨덴의 왕으로 즉위하면서 악셀 옥센셰르나Axel Oxenstierna

의 섭정이 시작되었다. 선제후군은 동요했고 스웨덴군은 뇌르틀링겐에서 대패를 맛봐야 했다. 간신히 힘의 균형을 이룬 유럽 대륙은 1635년 프라하 조약으로 잠시 평화를 찾았다.

한편, 앞서 말했듯이 프랑스는 가톨릭 국가이면서도 합스부르크 왕가의 세력을 견제하기 위해 30년 전쟁 내내 개신교 측 선제후군에 자금을 지원하고 있었고, 재상 리슐리외는 스웨덴군에도 막대한 자금줄이 되어주었다. 그러나 뇌르틀링겐의 대패 이후, 1635년 5월에 이번에는 프랑스가 직접 스페인에 선전포고를 하고 나섰다. 이때부터 30년 전쟁은 종교 전쟁과는 완전히 다른 양상을 띠고 전개된다. 부르봉 왕가와 합스부르크 왕가의 전면전이 시작된 것이다. 프랑스군는 스페인군을, 스웨덴군은 황제군을 맡아 공격을 감행했다. 황제군이 1642년 브라이텐펠트의 재결전에서, 스페인군이 1643년 로크루아 전투에서 잇달아 대패하면서 가톨릭 진영은 몰락의 징후를 보였고, 1644년 프라이부르크 전투에서 바이에른군마저 무너지자 프랑스는 승전을 확신했다. 스웨덴은 남은 황제군을 토벌하기 위해 보헤미아를 침공했다. 몇 차례 공방이 오갔지만 결국 스웨덴-프랑스 연합군은 프라하를 점령하고 황제로 하여금 베스트팔렌 조약에 서명토록 했다. 이 조약을 통해 네덜란드도 스페인에 대한 80년간의 독립 전쟁을 승리로 마감했다. 독일과 보헤미아 전역을 용병들의 납골당으로 만든 뒤에야 유럽은 또다시 '당분간'의 평화를 이루었다.

베스트팔렌 조약으로 프랑스, 네덜란드, 스웨덴이 나란히 승전국의 지위를 얻던 해에, 데카르트는 레이던 대학에서조차 금지 조치를 받고 구석에 몰려 있었다. 1649년 가을 데카르트는 삼고초려 끝에 스웨덴 여왕 크리스티나의 초대로 에흐몬트-비넨에서 스톡홀름으로 이주했다. 이 무렵 파리에서는 그의 《영혼의 정념 Les passions de l'âme》이 출판되었다.

스웨덴으로 이주한 뒤 데카르트는 궁전 내에서 살지 않고 궁전 인근 프랑스 대사의 집에 머물렀으며, 여왕의 바람과는 달리 자주 입궁하지는 않았다. 그러다가 1649년 12월부터 크리스티나 여왕에게 철학을 가르치게 되었는데 이때 수업 시간은 새벽 5시 무렵이었다. 혹독한 북유럽의 겨울에, 그것도 새벽 5시에 입궁해야 했던 데카르트는 이듬해 1월 말에 감기에 걸렸지만 이를 대수롭게 여기지 않았다. 그러나 병세는 급격히 악화되었고 데카르트는 다음 달 11일에 향년 53세로 생을 마감했다. 공식적인 사망 원인은 폐렴이었다. 장례식은 조촐하게 치러졌다. 유해는 스톡홀름의 한 초라한 묘지에 묻혔다가 1667년 파리로 옮겨져 생트 주느비에브 성당에 안장되었고, 다시 1817년 생제르맹데프레 성당으로 옮겨져 현재까지 이르고 있다.

유고로 남겨진 원고들은 〈반론과 답변〉의 번역자 클레르슬리에가 관리했다. 유고들과 편지 모음, 기존 저술들의 새

로운 판본이 속속 출판되었고 1701년에는 미완성 원고들인
《정신 지도를 위한 규칙들》과《자연의 빛에 의한 진리 탐구》
등을 포함한 거의 전 저술이 전집 형태로 출판되었다.

3. 《성찰》에 관하여

알다시피《성찰》은 데카르트가 파리에서 1641년에 초판
을 출판한 라틴어 저작이다. 이 책을 계기로 데카르트의 철
학은 본격적으로 '새로운 철학'이라는 칭호를 얻었지만, 그
새로움이 필화를 초래해 네덜란드에서 데카르트의 입지는
좁아지기 시작했다. 이제 우리는《성찰》이 어떤 형식과 내용
을 담고 있고, 또 어떤 의미에서 '새로운 철학'인지를 간단히
살펴보고자 한다.

(1) 무엇을 담고 있는가?
《성찰》의 부제처럼 데카르트는 이 책에서 신의 실존 및 영
혼과 신체의 실재적 구분을 증명하고자 했다. 증명은 여섯
번, 또는 엿새에 걸쳐 진행된다. (차례를 보면 알 수 있듯이 이
각각을 따로 떼어 〈제1성찰〉, 〈제2성찰〉……〈제6성찰〉이라 부르
며, 여기에는 다시 각각의 부제가 달려 있다.) 이 일련의 성찰들
은 크게 보아 모든 것에 대한 의심에서 출발해 더 이상 의심

할 수 없는 학문의 토대를 발견하고, 다시 이 토대에서 출발해 앞서 의심받았던 대상들을 의심으로부터 해방시키는 정신의 자기 성찰 과정이다. 따라서 《성찰》은 일관된 주제를 담고 있기는 하지만, 각 성찰이 그때마다 깨달음의 단계나 위치를 나타내기도 하기 때문에 어찌 보면 서로 다른 주제를 담고 있기도 하며, 서로 다른 문체를 통해 성찰자의 심리적 상태를 드러내기도 한다. 각 성찰의 문체와 내용을 정리해보자면 다음과 같다.

〈제1성찰〉. 아마도 노이베르크에서의 겨울 동안 얻은 깨달음과 계획을 회고하면서 이것을 실행에 옮기기로 결심한다. 학문에 확고부동한 무언가를 세우기 위해 모든 것을 뿌리째 뒤집어 최초의 토대를 발견하려는 이 원대한 계획은 모든 것에 대한 의심으로 시작한다. 정당한 근거에 따라 이전의 모든 진리, 곧 감각적 지각, 물체, 자연 과학 및 수학적 대상, 신의 본성과 실존까지 의심 속으로 불러들여지며, 이후로는 이로부터로 해방되는 것만이 진리로서 받아들여진다. 모든 것을 불러들인 뒤 아무것도 확실하지 않다는 것을 깨닫자, 데카르트는 처음의 야심 찬 태도와는 달리 힘에 부쳐 하며, 모든 진리가 철회된 이 암흑의 상태가 얼마나 이어질지 어림잡지 못한다.

〈제2성찰〉. 전날의 암흑 속에서 여전히 헤어나지 못했지만, 그래도 힘을 내어 다시 성찰에 매진한다. 데카르트는 혹시 자신이 아직 의심 속으로 불러들이지 않은 것이 남아 있는지 한 번 더 검토하면서 자기 성찰의 중요한 전기를 맞이한다. 그가 모든 것의 실존을 의심했고 또 모든 것이 실제로 의심스러웠다 하더라도, 그렇게 의심하고 있는 저 자신이 있다는 것은 의심할 수 없었다. 나의 실존은 언제 어디서든 참이다. 이제 물음은 '나'로 향한다. 나는 무엇인가? 나의 몸, 감각, 상상, 외부 물체와의 관계 등 다양한 측면에서 저 자신을 반성한 데카르트는 나는 오직 생각하는 것이며, 나의 정신은 오직 지성으로써 인식된다는 점을 깨닫는다.

〈제3성찰〉. 자아의 깨달음을 얻은 데카르트는 모든 외적인 것들을 차단한 채 순수한 자아 속으로 침잠해 그러한 자신을 한 번 더 검토한 뒤 "내가 더없이 맑고 또렷하게 지각하는 모든 것은 참"이라는 진리의 일반 규칙을 수립한다. 그에게 남은 일은 앞서 의심했던 것들을 의심으로부터 해방시키는 것이다. 그는 자신의 정신적 활동을 반성하면서, 크기, 위치, 운동, 실체, 지속성, 수 등 외적 사물이 지닌 거의 모든 본성들을 자신으로부터 이끌어낼 수 있었다. 이것들의 원인은 나 자신이다. 그러나 그는 곧 앞의 성찰 과정이 모두 허사로 돌아갈 수도 있는 심각한 가정을 마주하게 된다. 뛰어난 능력을 지닌 어떤 악령이 (자기 실존을 제외한) 모든 경우에 자신을 속이고 있다는 가정이다. 그런데 그에게는 자신을 속이지 않는, 자신을 속도록 창조하지 않은 전지전능하고 선한 신의 관념이 있었다. 만일 그가 실존한다면, 나는 속지 않을 수 있고 따라서 다른 모든 것들도 의심으로부터 해방될 것이다. 이제 신의 실존을 증명해야 한다. '이 완전한 무한자의 관념은 불완전하고 유한한 나의 정신으로부터 만들어질 수 없다. 따라서 이것의 원인은 내 밖에 있다. 그런데 그는 나의 창조자이다. 나는 실존하므로 그 또한 실존한다'(첫 번째 인과론적 신 존재 증명). 한편 '내가 실존한다는 것은 틀림없지만, 나는 불완전하기 때문에 나 자신을 보존하지는 못한다. 따라서 다른 어떤 것이 나를 보존하고 있음에 틀림없다. 나보다 더 많은 완전성을 지닌 관념은 신이다. 그러므로 신은 실존한다' (두 번째 인과론적 신 존재 증명). 신 존재 증명을 통해 의심의 암흑을 걷어낼 수 있는 순간이 다가왔다. 데카르트는 인간이 살아서 누릴 수 있는 가장 큰 기쁨을 자신이 경험하고 있노라 고백한다.

〈제4성찰〉. 그러한 기쁨도 잠시, 이제는 신이 속지 않도록 창조하는 나의 정신이 왜 실수를 하고 오류에 빠지는지를 해명해야 한다. 이것이 제대로 이루어지지 않는다면, 피조물인 나의 오류는 신에서 비롯된 것일 터이고, 그렇게 되면 다시금 저 모든 것이 의심 속으로 되돌아갈 것이기 때문이다. 결론부터 말하자면, 오류·실수·잘못 따위는 단지 부정적인 것이고, 어떤 실체적인 것이 아닌 것, 곧 헛것이기 때문에 신은 이것들의 원인이 아니다. 오히려 오류는 내가 의지를 지성의 범위 안에 묶어놓지 않기 때문에 발생한다. 그러나 의지의 이러한 특성은 불완전성이 아니다. 내가 애초부터 맑고 또렷한 지각을 타고나지는 않았지만, 이것을 긍정하거나 부정할 자유는 타고났으며, 이러한 결단의 자유는 의지의 무한성을, 다시 의지의 무한성은 신의 무한성을 입증하기 때문이다. 오류의 원인은 이러한 자유의 오용에 있다. 이를 방지하기 위해서는 이러한 성찰을 반복함으로써 오류에 빠지지 않는 습관을 얻어야 한다.

〈제5성찰〉. 이제 나의 몸과 남의 몸, 그 밖에 물체들의 본성을 묻는다. 이 물질적인 것들의 본성들, 예컨대 크기, 형태, 운동 등은 맑고 또렷하게 지각되기 때문에 저 진리의 규칙에 따라 참된 것으로 간주된다. 그런데 이 물질적인 것들은 실존하는가? 물론 신의 실존도 증명되었고 오류의 원인도 해명된 이상, 물질적인 것은 실존한다. 그런데 물질적인 것은 본성상 있을 수도 있고 없을 수도 있는 우연한 실존을 지닌다. 이는 신의 실존과 대조적이다. '신은 본성상 모든 완전성을 지니고 있고, 실존은 하나의 완전성이기 때문에, 신은 본성상 실존을 지니고 있다. 따라서 신은 필연적으로 실존한다'(존재론적 신 존재 증명). 데카르트는 지난 성찰의 과정들을 다시 한번 상기하면서, 이제는 모든 학문의 확실성과 진리를 완전하게 알 수 있다고 확신한다.

〈제6성찰〉. 우연적 실존을 지니고 있는 물질적인 것들의 실존은 우리의 감각을 통해 확인된다. 감각 관념은 내가 원하든 원하지 않든 내 감각 속에 산출되어 있는 것이며, 따라서 나의 지성이나 의지에 의해 좌우되는 것이 아니기 때문에 내 밖에 실존한다고 추론할 수 있다. 또한 여러 가지 측면에서 정신과 신체는 실재적으로 구분되지만, 이 둘은 뇌 속의 특정 부위를 통해 결합되어 있기도 하다. 오류의 발생은 앞서 말했듯 의지의 오용 때문이기도 하지만, 이렇게 정신이 신체와 결합되어 있기 때문이기도 하다. (예컨대 신경계의 착각.) 이제 오류의 모든 원인이 밝혀졌으므로, 우리는 외적 감각들을 마주할 때도 속지 않을까 걱정할 필요가 없으며, 꿈과 깨어 있음 사이도 헷갈리지 않는다. 이제는 모든 의심을 내던져도 좋다. 그러나 우리는 언제나 다시금 오류에 빠질 수 있고, 우리의 본성은 연약하다는 점을 늘 명심해야 한다.

(2) 무엇이 새로운가?

당황스럽게 들릴지 모르겠지만, 우선 우리가 상기해야 할 것은 데카르트가 《성찰》에서 다루고 있는 주제들이 이전의 철학들과 크게 다르지 않다는 점이다. 보았다시피 이 책은 신의 실존, 영혼과 신체의 구분, 영혼의 실존과 불멸 등을 다루고 있기 때문에, 주제로만 보자면 전래된 형이상학과 거의 다를 것이 없다. 심지어 "나는 생각한다. 그러므로 나는 있다"라는 코기토 명제조차 문장 그대로만 봐서는 이미 성 아우구스티누스의 《신국론》에 이미 등장하고 있으며, 한 지인이 이에 대한 표절 시비를 제기하자 데카르트는 이를 해명하기도 했다.

《성찰》 이전과 이후, 철학에서 가장 크게 달라진 점은 오히려 책의 구성과 문체, 기술 방식, 방법론 등이며, 이러한 형식적 측면의 변화가 이후에 전개되는 모든 철학에 지대한 영향을 미쳤다 해도 과언이 아닐 것이다.

문체. 이 책에서 이전의 학술 서적들(특히 형이상학 서적들)과 크게 달라진 점을 찾고자 할 때 가장 먼저 눈에 띄는 것은 바로 이 책의 문체이다. 아리스토텔레스의 전통이 유럽 중세에 확립된 이후 형이상학의 저자들은 아리스토텔레스의 《형이상학Metaphysica》에 관한 주석을 통해 자신의 의견을 개진하는 것을 전통으로 삼고 있었으며, 이러한 주석서 가운데 몇몇은 학교의 교과서로 쓰였다. 데카르트 또한 라플레슈에서 이런 교과서들을 교재 삼아 엄격한 가톨릭 교육을 받았다. 그러나 그는 《성찰》에서 이러한 주해서 형식을 과감히 탈피해 특별한 권위에 의존하지 않은 채 자유롭게, 그러나 논리적으로 자신의 생각을 적어 내렸고, 이러한 문체의 특성은 이미 《방법서설》에서도 확인된다.

이러한 문체적 특징은 몽테뉴가 창안한 '에세essai' 형식에서 비롯된 것이 틀림없다. 몽테뉴는 인간을 탐구하면서 이 자유로운 문체를 통해 인간의 경험을 솔직하게 기술할 수 있었으며, 이로써 이후 프랑스 문단에 지대한 영향을 미친 이른바 모럴리스트 문학의 창시자가 되었다. 데카르트 또한 그의 문체를 빌려 인간의 경험을 기술했다. 그러나 몽테뉴와 달리 데카르트는 단순히 인간의 경험이 아니라 인간의 '의식' 경험을 기술하고자 했고, 마침내 몽테뉴보다 훨씬 더 깊은 인간의 내면으로 침잠했던 것이다. 물론 데카르트가 모더니즘 문학의 어느 양식처럼 의식에 떠오르는 것들을 실시간으로 받아 적지는 않았다. 이 책의 여섯 성찰은 이어지는 엿새 동안에 매일 하나씩 적힌 듯 보이지만, 사실은 오랫동안의 성찰과 깨달음이 충분히 회고된 후 가상의 엿새로 철저히 재구성된 것이다.

순서. 그가 실제로 엿새 동안 깨달은 것을 회고해 기술했을 수도 있고, 아니면 엿새에 걸쳐 생각이 나는 대로 받아 적었을 수도 있다. 하지만 이보다 더 중요한 것은 그가 이러한 내용들을 '발견의 순서'에 따라 기술했다는 점이다. 발견의 순서에 따른 기술이란 글을 쓰는 사람이 어떤 깨달음을 얻은 뒤에 거기에 이를 때까지의 사유 과정을 가장 쉬운 단계로부터 점차 어려운 단계로 이행하며 기술하는 것으로서, 이것을 읽는 사람이 이 상승을 함께 체험하고 나아가 그 최종적 깨달음에 동승할 수 있도록 안내하는 글쓰기 방식이다. 데카르트는 이런 방식이 최종적 깨달음으로부터 가장 쉬운 단계로 하강하는 글쓰기 방식과 엄연히 다르다는 것을 알고 있었고, 나아가 자신이 《성찰》을 집필할 때 발견의 순서, 즉 '분석 analysis'의 방식을 따르고 있다는 것을 명확히 의식하고 있었다. (반면에 《철학의 원리》는 하강의 방법인 '종합synthesis'에 따라 기술되었다.) 그는 이전의 철학자들과는 확실히 다른 순서로 철학을 했다.

데카르트가 '순서'에 따라 철학을 했다는 말에는 한 가지 의미가 더 있다. 그는 신, 세계, 자아를 성찰하면서 신의 창조 질서를 따르지 않고 자신의 지각 순서를 따랐다. 다시 말해서 그는 이전 세대의 형이상학적 전통을 그대로 받아들인 것이 아니라, 모든 것을 의심할 수 있다고 가정한 뒤 자신이 의심의 여지 없이 확신할 수 있다고 지각하는 것을 인식의 출발점으로 삼아, 그 밖의 다른 인식들로 점차 확장해나갔다 (〈제1성찰〉 참조). 이 '방법적 회의'로부터 해방된 최초의 인식이 바로 "나는 생각한다. 그러므로 나는 있다"라는 이른바 코기토 명제이다. 그는 모든 것이 의심스럽다고 생각했지만, 저 자신이 그렇게 생각하고 '있다'는 것만큼은 의심할 수 없었다. 왜냐하면 나는 나 자신의 실존을 의심하는 그 순간조차 의심한다고 생각하고 있기 때문이다. 다시 말해 나는 생각하는 것인 동안 엄연히 그 무엇일 텐데, 내가 무엇something이면서 동시에 아무것도 아닌 것nothing이라는 것은 확실히 모순인 것이다(〈제2성찰〉 참조).

그는 이 코기토 명제를 진리의 기준으로 제시하고 이것만큼 맑고 또렷하게 지각되는 것만을 참된 것으로서 인정함으로써 존재의 질서에 기반을 두고 있던 이전의 모든 형이상학을 인식의 순서에 맞추어 새롭게 정비하고자 했다. 근대 이전이든 이후든 철학이 '있음'을 다루는 것은 마찬가지인데도 특히 근대 이후의 철학을 더 이상 존재론이라 하지 않고 굳이 인식론이라고 부르는 것은 바로 이러한 까닭이다.

신 존재 증명. 데카르트가 인식의 순서에 따라 철학을 했다는 것은 다른 어느 곳보다 그의 신 존재 증명에서 가장 잘 드러난다. 중세 동안 신의 실존은 자명한 것으로 받아들여졌고, 신 존재 증명은 주로 믿음이 없는 자들을 설득하기 위한 수단으로 여겨졌다. 이것은 데카르트도 잘 알고 있었다. "믿는 자들에게는 인간 영혼은 신체와 더불어 소멸되지 않는다는 것과 신은 실존한다는 것을 신앙으로써 믿는 것으로 충분합니다만, 확신컨대 믿지 않는 자들에게는 먼저 이 두 가지가 자연적 근거에 따라 증명되지 않으면 알다시피 종교는 고사하고 어떤 도덕적 탁월함도 설득되지 않습니다"(17~18쪽). 이어서 데카르트는 자신이 제5차 라테라노 공의회의 뜻을 이어 이교도들을 논파하기 위해 신 존재 증명을 수행하노라 말하지만, 이것은 표면상의 이유에 지나지 않는다. 그는 단순히 신앙이 없는 자들을 설득하거나 논파하기 위해 이 증명을 수행하지 않았다. 그는 의식의 입장에서 신의 실존을 의심할 수 있었기 때문에, 다시 의식의 입장에서 그것을 증명해야만 했던 것이다. 한마디로 창조의 질서, 존재의 질서, 사물의 질서를 받아들이는 한 신의 실존은 자명하지만, 지각의 순서, 인식의 순서, 의식의 순서를 따르는 한 그것은 자명하지 않고 의심스럽다고 가정될 수 있기 때문에 오히려 증명이 요구된다는 뜻이다.

이 때문에 데카르트는 여러 종의 신 존재 증명 방식을 인식의 순서에 따라 재검토했으며, 그 결과 어떤 것은 개조되었고 버려져 있던 것은 재활용되었으며 남은 것은 폐기되었다. 그는 우리에게 결과로서 주어져 있는 경험적 사실로부터 그것의 원인으로서 신을 추적해가는 후험적 증명, 곧 인과론적 증명을 지각의 순서에 따라 철저히 개조해 감각적 경험이 아니라 의식의 경험을 통해 수행했다(〈제3성찰〉 참조). 또한 당시만 해도 버려져 있던 선험적 증명, 곧 신의 관념으로부터 신의 실존을 증명하는 존재론적 증명을 재활용해 어떤 경험에도 기대지 않고 신의 실존을 증명할 수 있었다(〈제5성찰〉 참조). 마지막으로, 그는 삼라만상이 신의 통치에 의존하고 있음을 보이는 목적론적 증명을 폐기했다. 이것이야말로 창조의 질서에 따라 사유하는 형이상학적 세계관의 전형이었으며 데카르트는 이것을 지각의 순서에 따라 해체했다.

물론 이 때문에 그에게 무신론의 혐의를 두는 사람들도 있겠지만, 그가 그렇게 한 데에는 다른 이유가 있다. 데카르트가 보기에 신의 창조적 질서에 따라 철학하는 것은 유한한 정신을 지닌 인간에게 불가능했으며, 이를 사칭하는 것이 오히려 무신론이었던 것이다. 인간의 지성이 다룰 수 있는 대상이자 한계는 자신의 지각과 의식이며, 이러한 지각의 순서를 따르는 것이 인간이 자아, 세계, 신에 관해 철학 할 수 있는 유일한 길이다. 데카르트는 철학자로서 《성찰》을 저술했으며, 그 밖의 길은 신앙과 신학에 맡겼다.

방법적 회의와 의지의 무한성. 데카르트는 참, 거짓을 가리는 이론적 판단을 지성이 아니라 의지 아래에 두었다. 판단이 이렇게 강하게 의지 아래 배속된 것은 유럽 철학사를 통틀어도 보기 드문 예이다. 데카르트는 〈제4성찰〉에서 이러한 이론을 처음 제시한 뒤 레기우스를 비롯한 수많은 학자들에게 비판받았지만, 그의 최후 저술인 《영혼의 정념》(1649)에서까지 이를 수정하거나 철회하지 않았다. 그가 직접 이러한 이론의 성립에 대해 해명한 바는 없지만, 텍스트를 통해 추측해보면 이는 방법적 회의와 깊은 관련이 있다. 방법적 회의란 지성이 참으로 증명하고 긍정했던 모든 것을 한꺼번에 의심스러운 것들로서 철회하는 극단적 행위이다. 이것이 비록 일시적인 자기기만이었다 할지라도 데카르트는 지성 자체에 이런 동력은 들어 있지 않다고 여겼으며, 따라서 지성보다 더 큰 능력을 지니고 있는 의지에 기댈 수밖에 없었다. 의지는 무한하며, 나아가 무한하다는 점에서만 보면 신의 무한성에 결코 뒤지지 않는다. 그는 의지의 힘을 빌려 수학적 확실성은 물론 신의 본성과 실존까지 의심할 수 있었던 것이다. 이러한 극단적인 회의에도 흔들리지 않는 것이 있다면 그것을 가장 확실한 진리로 삼겠다는 것은 두말할 나위 없이 그의 핵심적 전략이었다.

영혼과 신체의 구분 혹은 결합. 데카르트는 〈제6성찰〉에서 영혼과 신체가 실재적으로 구분된다는 점을 여러 측면에서 해명하고 있지만, 다른 한편에서는 이 둘이 뇌의 특정 부위(솔방울샘)를 매개로 친밀하게 결합되어 있음을 주장했다. 이런 주장은 현대의 뇌 또는 신경 과학에서 보면 터무니없는 소리이지만, 당시로서는 르네상스 시기에 크게 흥했던 뇌 해부학이 근대에 접어들어 프랑스와 네덜란드에서 심화된 결실이었다. 앞서 우리는 과학 혁명의 출발점이 된 저술 중 한 권으로 《인체의 구조에 관하여》(1543)를 꼽았다. 이 책은 근대 해부학의 창시자 베살리우스Vesalius(1514~1564)가 실제 인체를 해부해 쌓은 지식을 집대성한 것으로서 여기에 수록된 인체 해부도에는 뇌의 구조까지 명확하게 도해되어 있다. 이로써 약 1,500년간 의학적 권위를 자랑해왔던 고대 그리스의 의학자 갈레노스Galenos(129~199?)의 해부학은 동물 해부를 통해 작성된 것임이 밝혀졌고, 이후 권위를 상실해갔다. 그러나 베살리우스는 생리학의 영역에서 여전히 갈레노스의 '정기설'을 따르고 있었다. 정기설은 뇌 속의 정기가 혈관이나 신경을 통해 전달됨으로써 신체 기관을 움직이게 한다는 일종의 고대 생리학이다. 데카르트는 베살리우스의 세례를 받은 과학자로서 뇌의 구조에 관심이 많았다. 그가 〈제6성찰〉에서 신체 운동을 반사 신경을 통해 설명하고자 했다는 것은 그가 베살리우스한테서 한 걸음 더 나아가 갈레노스의 생리학마저 거부했다는 것을 뜻한다.

4. 영향과 평가, 최근 연구 동향

데카르트가 영향을 미친 철학자들이 누구누구냐는 질문을 받는다면, 아마도 그 이후의 모든 철학자들이라고 대답하는 것이 가장 적합할 것이다. 앞서 보았다시피 이미 데카르트가 살아 있을 때 네덜란드와 프랑스에서 수많은 지식인들이 수학, 자연학, 형이상학 영역에 걸쳐 데카르트의 사상을 지지하거나 반대하면서 논쟁을 벌였으며, 앞의 두 나라보다는 데카르트의 영향을 적게 받았지만 독일과 영국에서도 적지 않은 찬반 논쟁이 있었다. 1633년 데카르트의 저술이 교황청의 금서 목록에 올랐지만 이탈리아에도 몇몇 데카르트주의자가 있었다.

동시대인들 가운데에는 프랑스의 수학자이자 철학자 파스칼Blaise Pascal(1623~1662)이 있었다. 파스칼은 베일에 싸인 사색가이며, 그의 사상에 대한 평가는 지금까지도 여러 관점에서 엇갈리고 있다. 파스칼의 저서 곳곳에서 데카르트의 철학에 대한 비판이 등장하고, 두 사람은 실제로 만나 진공에 관한 자연 철학적 논쟁을 벌이기도 했지만, 막상 파스칼을 반反데카르트주의자로 확정 지을 만한 결정적 단서는 찾기 어렵다. 어쩌면 이러한 파스칼의 캐릭터가 당시의 혼돈스러운 시대상을 반증하는 것일지도 모른다. 그가 이성보다는 신앙을, 철학보다는 종교를 옹호했다고 간단히 잘라 말하는 사람들도 있지만, 그렇게 쉽게 결정이 날 문제였다면 그의 유고《팡세 Pensées》(1670)는 세상에 남겨지지도 않았을 것이다.

네덜란드 출신의 철학자 횔링크스Arnold Geulincx(1624~1669)는 데카르트가 〈제6성찰〉에서 정신과 신체는 실재적으로 구분되지만 밀접하게 결합되어 있다고 주장한 묘한 심신론을 화두로 삼아 연구했고, 이에 대한 해답으로 이 둘 사이를 신이 매개하고 있다는 '기회 원인론'을 제시했다. 이러한 생각은 많은 비판을 받았지만, 이것이 뒤에 다룰 라이프니츠의 예정 조화설로 이어졌다는 것은 반론의 여지가 없다.

역시 네덜란드 출신인 스피노자Benedictus de Spinoza(1632~1677)는 일찍이 데카르트의 사상에 깊이 영향 받은 뒤《데카르트 철학의 원리Renati Des Cartes Principiorum Philosophiae》(1663)를 출판할 정도로 데카르트주의자가 되었지만, 단순히 그의 사상을 수용했다기보다는 비판적으로 수용한 예이다. 이 책에서 스피노자는 당대부터 많은 비판을 받았던 데카르트의 신 존재 증명을 나름의 방식으로 개선하면서 고유의 철학 체계를 형성하고 있다. 비록 유고로 출간된《에티카 *Ethica*》(1677)에서는 완전히 독자적인 철학 체계를 보여주긴 했지만, 스피노자는 데카르트 사상의 내용과 가치를 가장 빠르고 정확하게 알아본 동시대인들 가운데 한 명이었으며, 그로부터 이후에 펼쳐질 대륙의 합리론과 독일의 관념론을 향해 중요한 한 걸음을 내딛은 철학자이기도 하다.

합리론의 깃발은 독일에서 라이프니츠Gottfried Wilhelm von Leibniz(1646~1716)가 이어받았다. 철학자, 수학자, 과학자였던 라이프니츠는 파리에 외교 사절로 머무는 동안(1672~1676) 데카르트의 지인이었던 콘스탄테인 하위헌스의 아들 크리스티안에게 물리학을 배웠고, 이 무렵 데카르트와 파스칼의 저서에 심취했던 것으로 전해진다. 유고로 출판된 그의 초기 작품들에는 데카르트와 스피노자에 관한 비평 작업이 고스란히 남아 있고, 이러한 작업들은 라이프니츠 고유의 철학 체계를 완성했다고 평가받는 만년작《모나드론*Monadologie*》(1710)에 녹아들어 있다. 라이프니츠는 휠링크스의 기회 원인론을 예정 조화설로 발전시켰고, 〈반론과 답변〉의 저자 가운데 한 사람인 아르노 신부와 서신 교환을 했으며, 〈반론과 답변〉의 또 다른 저자 가상디의 사상 또한 수용했다. 그는 데카르트를 둘러싼 찬반의 사상을 모두 비판적으로 수용해 고유의 철학을 형성했다.

라이프니츠 이후 데카르트의 정신은 독일의 계몽주의자 볼프Christian Wolff(1679~1754)를 거쳐 칸트Immanuel Kant (1724~1804)에게 이어졌다. 데카르트의 코기토 명제는 한동안 잊힌 듯했지만, 약 140년 뒤 칸트의《순수 이성 비판*Kritik der reinen Vernunft*》(1781)에서 "나는 생각한다Ich denke"라는 원리로 부활했고, 이 책의 재판(1787)을 통해 인식의 제일원리로서 확고하게 자리매김한다. 셸링F. W. J. von Schelling과 피히테J. G. Fichte는 결과적으로 서로 다른 철학 체계를 세웠지만, 모두 자아das Ich로부터 자신의 철학을 시작했다. 헤겔G. W. F. Hegel(1770~1831)은 사후 출판된《철학사 강의*Vorlesungen über die Geschichte der Philosophie*》(1833)에서 데카르트가 "생각을 원리로 삼았다는 점에서 근대 철학의 참된 창시자"라고 보았고, 그의 코기토는 마치 오랫동안 표류하던 뱃사람이 발견한 "육지"와 같다며 그 발견의 의의를 높이 평가했다. 관념론과 다른 길을 걷고 있던 쇼펜하우어Arthur Schopenhaur(1788~1860) 역시 데카르트를 "근대 철학의 아버지"로 평가하는 데 주저함이 없었다. 현상학의 창시자 후설Edmund Husserl(1859~1938)은《데카르트적 성찰*Cartesianische Meditationen*》(1931)에서 방법적 회의를 철학적 자기 성찰의 원형이라 평가하면서 이러한 근본적 반성이야말로 현상학의 출발점이었다고 회고했다.

독일에서는 다른 움직임도 있었다. '망치를 든 철학자' 니체Friedrich W. Nietzsche(1844~1900)는 데카르트의 확실성 추구를 조소하면서 객관적 진리라는 이름 뒤에 숨어 있는 인간의 욕망을 신랄하게 고발했다. 그의 고발은 이후의 현대 철학, 특히 양차 세계대전 이후의 철학이 주체성에 대한 근본적인 반성 또는 비판으로 전개되는 데 결정적인 역할을 했다. 후설의 제자였던 하이데거Martin Heidegger(1889~1976)는 한편으로는 데카르트의 철학사적 기여를 높이 평가하면서도 다른 한편으로는 코기토에 기초한 주체성의 철학을 비판했고, 그리하여 전기에는 인간 실존의 연구에, 후기에는 존재 자체의 연구에 몰두했다. 이러한 경향은 프랑스의 실존주의 철학으로 이어졌다. 실존주의 문학가로 잘 알려진 사르트르Jean-Paul Sartre(1905~1980)와 현상학자 메를로-퐁티Maurice Merleau-Ponty(1908~1961)는 후설과 하이데거에게 깊은 영향을 받아 특유의 철학을 발전시켰으며, 코기토에 숨어 있는 유아론唯我論을 폭로하고 이를 극복하기 위한 길을 모색했다. 그러나 이들 역시 데카르트 이전의 철학으로 돌아갈 수는 없었으며, 데카르트적 주체와 전혀 다른 무언가로부터 출발하지도 못했다.

20세기 후반에는 반이성주의, 주체의 해체, 탈중심, 다원주의 등을 모토로 하는 이른바 포스트모더니즘이 프랑스와 미국을 중심으로 흥했는데, 이들이 적으로 삼은 주체성의 우두머리 급에는 칸트와 데카르트가 나란히 속했다. 한 예로 미셸 푸코Michel Foucault(1926~1984)는 《광기의 역사Histoire de la folie à l'âge classique》(1961)에서 〈제1성찰〉의 한 구절을 해석하면서 데카르트에게서 시작된 이성적 주체의 권력이 광기 배제의 역사를 만들어왔다며 그의 주체 개념을 비판했다. 거의 모든 전통의 해체를 시도한 자크 데리다Jacques Derrida(1930~2004)는 주체의 해체 또한 시도했지만, 이러한 푸코의 데카르트 해석에 반론을 제기했고, 이후 두 사람 사이에서 10여 년간 논쟁이 이어지기도 했다.

남미에서는 좀 다른 경향이 있었다. 아르헨티나 출신으로 현재는 멕시코에서 망명 생활을 하고 있는 엔리케 두셀Enrique Dussel(1934~)은 《해방의 철학Filosofía de la liberación》(1977)에서 데카르트의 '나는 생각한다ego cogito'를 '나는 정복한다ego conquiro'로 해석하면서 유럽의 주체 뒤에 숨겨진 침략자의 흉상을 폭로했으며 이러한 관점을 지속적으로 발전시켜 최근 《해방의 정치학Política de la liberación》(2009)을 출간했다.

최근 유럽의 대학들은 우리가 이 해제의 도입부에서 간단히 다루었던 '중세 말-르네상스-근대 초'라는 시대에 각별한 관심을 갖기 시작해, 철학, 역사, 종교, 자연 과학 등 다양한 분야의 연구소들이 이 시대에 관한 학제 간 연구를 진행하고 있다. 영어권의 몇몇 연구자들도 근대 초기에 관한 연구 성과들을 지속적으로 출판하고 있다. 국내에서는 '서양근

대철학회'(http://www.modernphilosophy.kr)가 1998년 창립 이래로 학술 대회, 출판 사업 등 꾸준한 활동을 펼치고 있으며, 몇몇 연구자들이 중세와 초기 근대 사이의 학문 형성 과정을 주제로 연구 성과들을 배출하고 있다. 데카르트와 그를 전후로 한 영향 관계는 이러한 최근 연구 동향의 중심에 있다.

5. 오늘 《성찰》을 읽는 이유

오늘 우리가 《성찰》을 다시 읽는 이유를 구구절절이 나열하는 것은 어쩌면 독자의 교양을 무시하거나 상상력을 제한하는 일이 될지도 모른다. 그보다는 이 책을 지금 다시 독자 앞에 내어놓는 이유에 대해 몇 마디 늘어놓는 것이 이 해제의 마무리로서 더 적절할 듯싶다.

결론부터 말하자면 데카르트의 시대와 우리의 시대는 크게 다른 점이 없기 때문이다. 앞서 살펴본 데카르트의 시대가 전해주는 가장 강력한 교훈을 상기하는 것만으로도 이것은 충분히 입증된다. 물론 인류는 400년 전이라면 상상할 수조차 없었을 기술 문명을 진보시켰고, 그 밖에도 거의 모든 면에서 눈부신 발전이 이루었다. 그러나 그 이면에서 인류의 야만은 여전히 지속되고 있다. 지금도 세계 곳곳에서 종교 분쟁이 끊이지 않고, 이 분쟁의 뒤에는 종교의 이름을 빌려

사사로운 이익을 챙기는 집단들의 암투가 있으며, 이른바 강대국들은 세계 평화라는 미명하에 이들을 지원하거나 응징하지만, 사실은 각자의 이익에 따라 전쟁판을 책략하고 있을 따름이다. 이 점에서 현대의 야만은 4세기 전과 거의 다를 바 없고, 어떤 면에서는 더욱 전횡적이 되었다고 볼 수 있다.

데카르트는 처음으로 세계적 규모의 분쟁이 발생한 시대를 살았다. 그는 이 분쟁이 소통의 단절에서 비롯되었다고 진단하고 그 해결의 실마리를 인간 내면의 성찰을 통해 발견하고자 했다. 그의 삶과 저술을 다시 한번 떠올려보자. 그가 가장 먼저 착수한 것은 소통의 방법으로서의 논리학이다. 그는 방법에 관한 저술들에서 복잡하고 거추장스러운 논리적 형식들을 청산하고 쉽고 간편한 소통 방식을 고안했다. 이후로는 이 방법이 의존하고 있는 궁극적 기반이 무엇인지, 아니 무엇이어야 하는지를 자문했고, 그에 대한 해답으로 코기토 명제를 제시했다.

생각하는 나. 데카르트는 이 주체 개념을 통해 각 사람들이 종교, 정치, 신분과 인종 및 신체적 차이 등 각자의 개인적 조건들을 벗어던질 수 있다고, 그럴 때에만 하나의 동등한 주체로서 만나 서로 소통할 수 있다고 생각했다. 그리고 이 만남과 소통의 지점에서부터 다시 모든 사람들이 '정신으로써' 공유할 수 있는 것들을 '순서대로' 하나씩 하나씩 쌓아 새로운 세계 질서를 세우자 했다. 코기토는 그의 이상적 인간

관인 동시에 공동체의 구성 원리였고, 정치관이자 종교관이자 학문론이었다. 이러한 제안, 과정, 결과 모두가 바로 이 책 《성찰》인 것이다.

물론 이런 데카르트 식의 해법은 해가 묵을 만큼 묵었고, 제국주의적 주체의 시원이라는 혐의로 인하여 많은 비판을 받기도 했다. 그러나 우리가 《성찰》에서 얻을 것은 그러한 내용적·결론적인 것들이라기보다는 기존의 지식과 권위를 마주하는 태도, 무엇이 문제인지를 묻는 방식, 철저한 사유 과정에 따른 물음의 전개 등 형식적·방법론적인 것들이다. 이것들을 손에 쥐고 있는 자라면—데카르트의 표현에 따라 이 오류의 방지책을 몸에 익힌 자라면—어떤 미명하의 어느 누구의 책략에도 쉽게 흔들리지 않을 것이며, 더 나아가 이러한 책략의 실상과 실체를 파악할 수 있을 것이다. 또한 이것은 데카르트가 그토록 염원했던, 부끄러운 역사의 반복을 단절하는 길이기도 하다.

이것이 오늘 다시 독자 앞에 《성찰》을 내어놓는 이유이자 오늘 다시 《성찰》을 읽는 이유, 아니 오늘 다시 성찰을 하는 이유이다.

1 원문은 in quibus Dei existentia & animae humanae à corpore distinctio,
   demonstrantur. 이것은 재판(1642)의 부제이며, 초판(1641)의 제
   목과 부제는 다음과 같다.《제일철학에 관한 성찰. 여기서 신의 현존
   및 인간 영혼의 불멸성이 증명되다*Meditationes de prima philosophia. in
   qua Dei existentia et animae immortalitas demonstratur*》.

2 이것은 *Discours de la méthode*를 번역한 것으로 대성출판사에서 출
   판되었다〔데칼트,《方法論序說》, 朴洪奎 譯(大成, 1948)〕. 이것이
   "방법서설"이라는 제목으로 번역된 것은 1959년 불문학자 김붕구
   에 의해서이다〔데까르트,《方法敍說》, 金鵬九 譯(博英社, 1959)〕.

3 이 가운데 주목할 만한 책은 데카르트,《方法敍說 外》, 金炯孝 譯(三
   星, 1976)이다. 김형효 교수의 이 번역본은《성찰》뿐 아니라 처음으
   로《정념론》,《철학의 원리》(발췌),《정신지도를 위한 규칙들》을 수
   록하고 있다.

4 최명관 譯 · 著,《방법서설 · 성찰 · 데까르뜨 연구》(서광사, 1983).

5 르네 데카르트,《성찰 · 자연의 빛에 의한 진리 탐구 · 프로그램에 대
   한 주석》·《방법서설 · 정신지도를 위한 규칙들》, 이현복 옮김(문예
   출판사, 1997).

6 본문에는 없는 제목이지만, 목차에서 밑의 긴 제목을 이렇게 줄여

부르고 있다. 일반적으로 이 편지글을 〈헌사Epistola〉라고 줄여 부른다.

7   파리 대학교의 신학부를 말한다. 12세기에 등장한 파리 대학교는 볼로냐, 옥스퍼드, 살라망카 등과 더불어 유럽의 초대 대학들에 속한다. 소르본Sorbonne이라는 별칭으로 불리기도 했는데, 이는 가난한 학생들을 위해 기숙사를 겸한 연구소를 세운 로베르 드 소르봉Robert de Sorbon 신부를 기린 것이다. 프랑스 혁명 이후 신학부는 파리 대학에서 영구히 해체되었다. 파리 대학이 지금처럼 13개의 대학으로 구분되어 파리 1대학~파리 13대학으로 불리게 된 것은 1971년부터이다.

8   8~9절. 〈지혜서〉는 외경 가운데 한 권으로서 국내에서는 《공동번역 성서 개정판》(대한성서공회, 1999)에 수록되어 있다. 이 판을 인용하면 다음과 같다. "그들은 용서받을 수 없다. 만일 그들이 세계를 탐지할 수 있는 지식을 쌓을 능력이 있다면 어찌하여 세계를 만드신 분을 일찍이 찾아내지 못했는가."

9   18~19절. 《공동번역 성서 개정판》의 전문을 인용하면 다음과 같다. "사람들이 하느님께 관해서 알 만한 것은 하느님께서 밝히 보여주셨기 때문에 너무나도 명백합니다. 하느님께서는 세상을 창조하신 때부터 창조물을 통하여 당신의 영원하신 능력과 신성과 같은 보이지 않는 특성을 나타내 보이셔서 인간이 보고 깨달을 수 있게 하셨습니다. 그러니 사람들이 무슨 핑계를 대겠습니까?"

10 이것에 관해서는 이 책의 해제 중 "1-(1) 교황 레오 10세의 흔적들"을 참조할 것.

11 원문에서는 다음과 같은 라틴어 제목을 사용했다. *Dissertatio de Methode recte regendae rationis & veritatis in scientiis investigandae.* 이 책에 관해서는 해제 중 "2-(4) 《세계론》 출판 취소와 《방법서설》 출

판 이후"를 참조할 것.

12 《방법서설》의 제6부 마지막 단락에 따르면, 이 책을 "스승의 언어"
인 라틴어가 아니라 프랑스어로 쓴 것은 나면서부터 가지고 있는 순
수한 이성만을 사용하는 사람들이 옛날 책만을 믿는 사람들보다 자
신의 의견을 더 바르게 판단해주리라 기대했기 때문이었다. 본문처
럼 데카르트가 프랑스어로 책을 읽는 사람들에게 자신의 철학적 원
리를 상세히 설명하는 일을 정말 "쓸데없는 일"이라고 생각했는지,
아니면 《방법서설》 이후 입장이 바뀐 것인지는 불분명하다. 그러나
본디의 의도를 따르자면, "우둔한 정신의 소유자들"은 어쩌면 스승
의 언어를 통해 옛날 책만 믿는 사람들이었을지도 모른다. 데카르트
는 《성찰》 이후에도 프랑스어 저작을 출판했고, 자신의 라틴어 저작
을 프랑스어로 출판하는 일에 관심이 높았다.

13 우리가 정신을 생각하는 것이라고 '지각'한다고 해서, 생각하는 것
이 정신의 '유일한 본질'은 아니라는 반론이다.

14 물질적인 것res materialis에 관해서는 주 23)을 보라.

15 맑고 또렷하게clare & disticte에 관해서는 주 26)을 보라.

16 몸 있는 것res corporea에 관해서는 주 23)을 보라.

17 〈반론과 답변〉에 관해서는 해제 중 "2-(5) 《성찰》과 《철학의 원리》
출판"을 보라.

18 대상적 실재성은 〈제3성찰〉에서 다시 다루어진다.

19 데카르트는 속이다, 실수하다, 그르치다, 잘못하다, 오류에 빠지다
등을 대개 동사 fallare와 errare로 표현하며, 이것들은 '인식 능력의
불완전성'을 나타낸다는 점에서 사실상 거의 구분 없이 사용되고 있
다. 사전을 확인해보아도 두 동사는 (물론 어원상 다르고 강조되는
부분이 조금 다르긴 하지만) 의미상 중복되는 부분이 많다. 명사형
인 falsum/falsitas와 error도 마찬가지이다. 이 번역본 역시 이 단어

들을 엄밀하게 구분하지 않고 혼용하고 있지만, 이 점을 염두에 둔다면 크게 헷갈리지는 않을 것이다. 거짓이나 오류 등은 〈제4성찰〉에서 충분히 다루어진다.

20 고대 그리스의 의학자 히포크라테스는 흑담즙질, 황담즙질, 점액질, 다혈질이라는 네 가지 체액의 분포에 따라 인간의 체질과 성질을 분류했다. 이 가운데 검은 담즙이 많이 나온다는 흑담즙질은 우울질, 즉 멜랑콜리로 불리며, 여기에는 타고난 사색가와 예술가들이 속한다고 여겨졌다. 그러나 중세에 들어 흑담즙질은 신앙 없는 자, 반체제적 인물, 귀신 들린 자 등을 가리키게 되었고, 종교 개혁 기간 동안에는 마녀와도 연관되었다. 르네상스 및 근대의 예술가들은 우울질을 주제로 한 여러 작품을 남겼다. 알브레히트 뒤러의 〈멜랑콜리아 I〉, 오귀스트 로댕의 〈지옥의 문〉 중 〈생각하는 사람〉 등이 대표적이다. 20세기에 들어 멜랑콜리는 자본주의에서 살아가는 우울한 인간의 삶을 표현했고, 현재까지도 수많은 대중 예술 작품의 테마가 되고 있다.

21 앞 문단에 이어 데카르트는 참으로 실존하는 것을 찾아 개별적인 것들로부터 좀 더 보편적인 것들로 건너간다. 각 단계는 '참이 아닐지도 모른다'또는 '참으로 있지〔=실존하지〕 않을지도 모른다'라는 가정에 의해 부정되면서 다음 단계로 이행한다. 이 짧은 문단에서 그는 방법적 회의의 전형을 보여주고 있으며, 이러한 지양 과정은 〈제3성찰〉까지 이어진다. 베낀 그림 및 닮은꼴과 관념의 관계에 관해서는 이 책 68쪽 이하와 주 28)을 보라.

22 어떤 사물이 길이, 넓이, 깊이를 가지고 공간상에 펼쳐져 있음을 뜻하는 '펼침extensio'은 펴다, 뻗다, 연장하다 등의 뜻을 지닌 동사 'extendere'에서 왔다. 본문에서 앞 문단의 "손을 편다manus extendere"가 바로 이 동사이다.

23 라틴어 corpus는 영혼의 대립 개념인 신체, 그야말로 고깃덩이로서
    의 육체, 생명 없는 물질적 실체로서의 물체를 모두 가리킨다. (여기
    서 전이된 뜻으로 온갖 종류의 전체, 예컨대 세계 전체, 전집, 국가,
    공동체를 가리키기도 한다.) 본문에서는 대개 중립적, 중의적 표현
    인 '몸'이라고 옮겼으나, 문맥상 영혼이나 정신의 대립 개념일 경우
    에는 '신체'로, 무생물이나 무기물과 관련될 때는 '물체'로 옮기기도
    했다. 또한 'res corporea'는 신체나 물체와 같이 몸이 있는 것, 몸을
    갖춘 것, 또는 그러한 실체를 가리키며 본문에서는 주로 '몸 있는 것'
    으로 옮겼다. 'res materialis'는 신체와 물체 등을 통틀어 모든 물질적
    인 실체를 가리키며, 본문에서는 '물질적인 것'으로 옮겼다.

24 원문은 "ut ego ipse cogitans non aliquid"이며 '나 자신이 생각하는
    동안 어떤 것도 아니라는 것'으로 번역될 수도 있다.

25 양태로 번역되는 modus는 본디 ① 어떤 것의 크기를 측정할 때 사
    용하는 절대 단위(도량형), 음악에서는 정해진 박자, 선법 등을 가
    리키던 것이 ② 어떤 것의 크기, 길이, 나아가 범위, 끝(목적), 한계
    라는 뜻으로 전이하여 ③ 지시, 규칙, ④ 종류, 양식, 양태, ⑤ 라틴어
    문법에서는 한 동사의 모든 변화형을 가리키게 되었다. 전체적인 뜻
    을 고려할 때 "생각의 양태modus cogitandi"는 생각의 종류, 양식이기
    도 하지만 그것의 활동 규칙이자 규정된 한계이기도 하다. 양태라는
    용어는 형이상학에서 사물의 고유성과 우연적 속성들을 통틀어 가
    리킬 때 사용하는데, 같은 modus라 하여 modus cogitandi까지 양태
    로 번역해야 하는지 묻는다면 이것은 분명 논쟁거리이다.

    철학사에서 볼 때 modus는 특히 중세에서 근대로 이행하는 과정에
    서 점점 뜻이 좁아져, 데카르트 직전의 시대에는 본질로부터 촉발
    된 어떤 실재적인 것, 특정한 본성이 발현된 상태를 가리키게 되었
    고, 따라서 이전에 비해 우연적 속성accidens에서 멀어지는 대신 어

떤 본질적인 것에 훨씬 더 가까워졌다. 데카르트는 확실히 이 둘을 구분했지만, 그의 저술에서 이것에 관한 일관된 용례를 찾아보기는 어렵다. 본문에서는 일단 '양태'로 옮겼으나, 본질적인 것에 조금 더 가깝게 느껴지는 '형식'이나 '활동 방식'을 떠올리며 읽는 것이 도움이 될 수도 있다.

26 기존에 '명석 판명한'이라고 번역되던 clarus & distinctus를 새로 '맑고 또렷한'이라고 옮겼다. 이것에 대한 데카르트의 설명은 다음과 같다. "바라보는 눈에 현존하여 눈을 충분히 강하고 분명하게 자극하는 것들을 우리가 명석하게 본다고 말하듯이, 나는 집중하고 있는 정신에 현존하며 드러난 지각을 명석한clarus 지각이라고 부른다. 그리고 나는 명석하기 때문에 다른 모든 것과 잘 구별되어 단지 명석한 것만 담고 있는 지각을 판명한distinctus 지각이라고 부른다." 르네 데카르트, 《철학의 원리》, 원석영 옮김(아카넷, 2002), 1부 45항.

27 프랑스어본은 이 "순서ordo"를 다음과 같이 풀어 썼다. "……성찰의 순서l'ordre de méditer……이것은 내가 내 정신 안에서 처음으로 발견하는 개념들로부터 나중에 발견할 수 있는 개념들로 차차[=등급에 따라] 건너가는 것……." René Descartes, *Les méditations métaphysiques*, Duc de Luynes (tr.)(Paris : Bobing & Le Gras, 1663), AT XI-1, 29쪽.

28 라틴어 이데아idea는 그리스어 이데아ἰδέα의 음차이다. ἰδέα는 고대 그리스의 시인 핀다로스와 에우리피데스가 겉모습, 보임새 등 사물의 외적 현상을 가리킬 때 사용했다. 이것이 사물의 종류, 성질, 나아가 본질을 가리키게 된 것은 플라톤 이후라는 것이 일반적인 견해이다. 플라톤은 이데아를 특히 감각적 지각에 대립시키면서, 이것에 정신의 직관, 개념, 사물의 원형과 같은 관념적 성질을 부여했고, 이러한 이론은 이른바 '이데아론'으로 전개되어 오늘날까지 전해지고

있다.

라틴어 idea는 이러한 플라톤의 영향 아래에서 원형이나 개념notio/conceptus이라는 의미로 두루 사용되었다. 이와 대비적으로 라틴어 imago는 베낀 그림, 모형, 모상의 뜻을 지니고 있다. 본문에서 imago가 본래적인 의미의 idea에 어울린다고 했을 때, 데카르트는 아마도 플라톤 이전의 idea, 즉 사물의 드러난 모양새를 가리킨 듯하다. 이 본래적 의미의 이데아는 바로 뒤에서 사물의 닮은꼴similitudo, 즉 유사물이라고 표현되기도 한다.

데카르트가 관념이라는 용어를 두 가지 의미 중 어떤 것으로 사용하고 있는지를 판별하는 것은 더러 그의 이론을 이해하는 열쇠가 되기도 한다.

29 여기서 '객체'는 subjectum을 옮긴 것이다. subjectum은 칸트Immanuel Kant 이후에 확정된 의미에서, 즉 인식 주체, 자아das Ich라는 의미에서 주체나 주관으로 옮겨지곤 한다. 그러나 아직 데카르트는 중세 스콜라 철학의 영향 아래에서 이 단어를 사용하고 있으며, 이때 subjectum은 여러 가지 속성들이 덧붙는 사물의 기본을 뜻한다. 오늘날의 어감으로는 오히려 '객체/대상objectum'에 가깝기 때문에 본문에서는 객체나 대상으로 옮겼다. 프랑스어본에서는 "내 정신 활동의 객체le sujet de l'action de mon esprit"로 옮겨졌다. AT IX, 29쪽.

30 프랑스어본에서는 이 '닮은꼴'이 곧바로 '관념'으로 옮겨졌다. "내가 바로 이 사물로부터 얻은 관념l'idée que j'ai de cette chose-là". AT IX, 29쪽.

31 히포그리프스Hyppogryphs는 말hyppo의 몸체에 독수리gryphs의 머리와 날개를 합성한 상상의 동물이다.

32 자연적 충동과 자연의 빛의 구분은 데카르트의 한 편지에 잘 대비되어 있다. "나는 본능을 두 종류로 구분합니다. 하나는 우리가 인간

이라는 조건에서 지니고 있고 순수하게 지성적입니다. 이것은 자연의 빛 곧 정신의 직관이지요. 주장컨대 오직 여기에만 우리는 신뢰를 보내야 합니다. 다른 하나는 우리가 동물이라는 조건에서 지니고 있는 것으로서 우리 육체를 보존하고 육체적 즐거움을 누리려는, 자연의 특정한 충동입니다. 이런 것을 언제나 따라야 할 필요는 없습니다."〈데카르트가 메르센에게, 1639년 10월 16일〉, AT II, 599쪽.

33 "어떤 사물들이―이것들로부터 이것들의 관념들이 내 안에 있다―내 밖에 실존하는지(res aliquae, ex iis quarum ideae in me sunt, extra me exsitant)"를 의역했다.

34 데카르트의 저술에서 실재성realitas 개념은 관념의 문제와 관련하여 형상적formalis, 표상적(대상적objectivus/재현적repraesentativus) 등과 같은 형용사로 한정되어 자주 등장한다. 그러나 이것의 정의나 해설은《성찰》의 본문 밖에서 제시된다. 예컨대〈반론과 답변〉중 두 번째 대답에서 관념의 표상적 실재성은 "어떤 사물이 관념 속에 있는 한에서 이 관념에 의해 재현된 그 사물의 본질"로서 정의된다(베네딕투스 데 스피노자,《데카르트 철학의 원리》, 양진호 옮김(책세상, 2010), 26쪽에서 재인용). 형상적 실재성은 본문에서도 반복되듯이 (이 책 74쪽 이하) 어떤 관념의 대상이 현실적으로, 있는 그대로 지니고 있는 본질이다.

35 총체적 원인causa totalis이 구체적으로 무엇을 가리키는지는 분명치 않지만, 말 그대로 한 사물이 존재하기 위해 충족해야 할 원인들의 총체를 뜻하는 것으로 읽을 수 있겠다. 볼러Wohler는 이것을 충족 이유zureichende Ursache로 옮겼다. René Descartes, *Meditationen*, Christian Wohler(üb.)(Hamburg : Meiner, 2009), 45쪽.

36 데카르트는《성찰》의〈반론과 답변〉중 두 번째 대답에서 '형상대

로'와 '우월하게'라는 용어를 다음과 같이 정의한다. "관념의 대상 안에 있는 것이 우리가 지각하는 그대로 관념의 대상 안에 있다면, 우리는 그것이 그 대상 안에 형상대로 있다고 말한다. 또한 단지 그렇게 있는 것이 아니라, 우리가 지각한 것의 자리를 대신하고도 남는다면, 우리는 그것이 그 대상 안에 우월하게 있다고 말한다"(베네딕투스 데 스피노자, 《데카르트 철학의 원리》, 26쪽에서 재인용). 본문에서 실체와 관련된 내용을 이해하는 데에는 스피노자의 해설이 도움이 된다. "우리가 지각하는 것, 즉 우리의 관념들 중 하나에 표상적으로 있는 것이 한 사물 안에서 형상대로 또는 우월하게 실존할 때, 이 사물은 실체이다"(베네딕투스 데 스피노자, 《데카르트 철학의 원리》, 27쪽에서 재인용).

37 '헛것'으로 옮긴 non res는 말 그대로 보자면 '사물 아닌 것' 또는 '아닌 사물'이다. 그러나 데카르트의 경우 가공의 것조차 '상상된 사물 res imaginata'이므로, 넓은 의미로 보자면 사물 아닌 것이 없다. 따라서 사물 아닌 것은 있지 않은 것, 즉 'non' qua est 'res'이다. non res 는 프랑스어본에서 "있지 않은 것ce qui n'est rien/chose qui ne est point" 이라고 여러 차례 풀어 옮겨졌다. AT IX-1, 34쪽 이하. 또한 있지 않은 것을 어떤 '사물res'이라고 표현한 것은 사물 아닌 사물이란 표현으로, 다소 역설적이며 그런 점에서 불합리한 것res irrationalis, 부조리한 것res absurda, 따라서 아무것도 아닌 것nihil이다. 뷜러가 이를 'Unding(난센스, 불합리, 무의미)'이라고 옮긴 것에도 일리가 있다. René Descartes, *Meditationen*, 48쪽.

38 라틴어 positivus는 동사 ponere(놓다, 세우다, 두다)에서 왔고, 우연히 있는 것accidens과 대비되어 근저에 버티고 선 것subtantivum, 즉 실체적인 것을 표현한다. positivus는 고전기 라틴어에서는 보이지 않다가, 2세기 무렵에 등장하여 ① 자연적으로 성립된 것이 아닌, 기술

이나 행위에 의해 이루어진 것, 예컨대 nomen positivum(태어날 때 지음받은 이름, given name), ② 문법 용어로서 비교급이나 최상급 이전의 원급을 가리켰다. 12세기 중엽에는 고전적인 의미의 자연법(신법)의 대립 개념으로 실정법ius positivum이라는 표현이 등장하기도 한다. 근대에 이르러서 positivus는 '실재적realis'이라는 뜻과 함께 '부정적negativus'의 논리적 대립 개념인 '긍정적affirmativus'이라는 뜻을 얻었으며, 나아가 단순히 생각에 떠오른 것이 아닌 '현실적인 것'까지 가리키게 되었다. 이제는 라틴어 어원을 지닌 거의 모든 현대어에서 negativ-의 반대말로서 affirmativ-와 positiv-를 섞어 쓰고 있다.

39 직역하면 "말하자면 나는 모든 완전성들을—이것들 가운데 몇몇 관념이 내게 있다—내게 주었을 것이고, 그리하여 스스로 신이 되었을 것이다(omnes enim perfectiones quarum idea aliqua in me est, mihi dedissem, atque ita ipsemet Deus essem)". 주 문장들이 접속법(가정법)을 사용하여 비현실성을 표현하고 있으나, 우리가 삽입구로 처리한 관계절만은 직설법을 사용하여 현재의 사실을 표현하고 있다. 이 삽입구는 바로 뒤에 "나는……신에 대한 특정한 관념을 지닌 것"(이 책 84쪽)이라는 표현으로써 반복되고, "신에 속한 모든 완전성들의 관념을 지닌 것"(84쪽)이라든가 "―신에게는 이것들〔모든 완전성들〕의 관념이 있다―"(85쪽) 등과 같은 표현과 대조를 이룬다. 또 이 두 가지는 "나는 신의 관념을 지니고 있으며 바로 이 신은 내가 〔완전히〕 품을 수 없지만 생각으로써 어느 정도 다가갈 수는 있는 모든 완전성들을 지니고 있다"(87쪽)라는 표현에서 종합된다.

40 실재적 구분과 이성적 구분에 관해서는 다음을 보라. 르네 데카르트, 《철학의 원리》, 1부, 60항·62항.

41 오류가 결여privatio라는 것에 관해서는, 스피노자의 상세한 주석을 참고할 만하다. 베네딕투스 데 스피노자, 《데카르트 철학의 원리》, 60쪽 이하.

42 〈제6성찰〉의 과제는 신체와 물체를 통틀어 모든 물질적인 것res materialis의 실존을 검토하고, 그것을 의심으로부터 해방하는 것이다. 다른 성찰에서도 마찬가지였지만, 특히 이번 성찰에서 다루어지는 '몸corpus'은 어느 때는 신체를, 어느 때는 물체를, 어느 때는 둘 모두를 뜻하기 때문에, 그때마다 신체와 물체를 함께 떠올리며 문맥을 이어가는 것이 관건이다. 물론 가장 먼저 문제로 삼는 것은 나에게 가장 가까이 있는 몸, 즉 내 몸으로서의 신체이다.

43 직역하면 "인식 능력의―제 앞에 친밀하게 놓여 있는, 또 바로 그렇게 실존하는―몸에의 특정한 집중(quaedam applicatio faculitatis cognoscitivae ad corpus ipsi intime praesens, ac proinde existens)"이다.

'집중'으로 옮긴 applicatio는 대개 '적용'으로 옮겨지지만, 이는 나중에 전이된 뜻을 거꾸로 소급 적용한 예이다. 처음에 applicatio는 마음이 어딘가로 기울어짐, 즉 관심, 전념, 열의 등을 표현했으며(예컨대 의뢰인이 변호사에게 가는 행위 등), 이로부터 어떤 본질적인 연결, 결합, 관계를 표현하게 되었다. 적용성, 유용성의 뜻을 얻게 되는 것은 대략 18세기 이후로 추정된다. 따라서 본문 바로 앞에 "상상력을 사용"한다는 점을 고려해서 알맞게 사용한다는 의미의 '적용'도 좋겠지만, 이어지는 본문, 특히 상상력에는 "어떤 특별한 마음의 노력"이 필요하고 정신은 상상할 때 몸에 일치하는 무언가를 "응시한다"는 점을 고려할 때(이 책 122~123쪽), 한 가지 일에 마음을 쏟는다는 의미의 '집중'이 더 좋을 듯하다.

또 "친밀하게"로 옮긴 intime는 '안쪽의interior'의 최상급 intimus에서 파생된 부사로서, 어딘가에 깊이 들어와 있는 상태, 아주 깊은 연구에 도달한 상태, 마음 깊은 곳에서의 느낌 등을 표현한다. 이러한 정신과 내 몸의 친밀한 관계는 뒤로 "고통보다 내밀한intimus 것이 있을까?"(이 책 127쪽), "나와 매우 밀접하게arcte 결합되어 있는 몸"(129쪽), 나는 "몸과 하나를 이루고 있다 할 만큼 몸과 더없이 밀접하게arctissime 결합되어"(132쪽) 있다 등의 표현으로 전개된다.

마지막으로, "ipsi……praesens"를 "제 앞에……놓여 있는"이라고 옮긴 것은 'praesens'를 'praes-ens', 즉 '[눈]앞에 놓여 있는'으로 풀어 옮겼기 때문이다. 뒤로도 praesens는 이렇게 옮겼다.

44 데카르트는 credo(나는 믿다)의 접속법 현재완료형인 'crediderim'을 사용하여 깨어 있는 동안 감각하는 것이 사실이지만, 그렇지 않다고 가정할 수도 있다는 현재의 가능성을 표현하고 있다.

45 대뇌와 간뇌 사이에 있는 솔방울샘(송과선松果腺)glandula pinealis을 일컫는다. 이것에 관해서는 해제 3-(2)의 마지막 부분 "영혼과 신체의 구분 혹은 결합"을 보라.

46 《성찰》인용문의 쪽수는 모두 본 번역서의 쪽수이다.

47 1618년 페르디난트 2세의 탄압에 분노한 보헤미아 개신교도들이 프라하 왕궁을 점령하고 국왕 고문관 세 명을 왕궁 창문으로 던져버린 사건이다.

48 번역서에 관해서는 이 책 말미의 〈더 읽어야 할 자료들〉을 볼 것. 방법론에 이어지는 시론들을 제외하면《방법서설》은 총 6부로 구성되어 있다.

49 이것에 관해서는 주 13)을 보라.

50 〈반론과 답변〉은 다음의 제목으로 번역되었다.《성찰―성찰에 대한 학자들의 반론과 데카르트의 답변 1·2》, 원석영 옮김(나남, 2012).

51 총 4부. 제1부 인간 인식의 원리들에 관하여. 제2부 물질적인 것들의 원리들에 관하여. 제3부 가시 세계에 관하여. 제4부 지구에 관하여.

르네 데카르트, 《방법서설·정신지도를 위한 규칙들》, 이현복 옮김(문예출판사, 1997)

이 책은 데카르트의 '방법'에 관한 저술들을 묶어 번역한 것이다. 《방법서설》은 《성찰》과 더불어 데카르트의 저서 가운데 가장 잘 알려진 것으로서, 아리스토텔레스의 방법에 대한 반대, 방법의 이념으로서의 '쉬움', 분석과 종합의 기술 등을 담고 있으며 제4부에서는 방법적 회의와 코기토 명제를 《성찰》에 앞서 간단히 제시하고 있다. 한마디로 데카르트 사상 전반을 이해하는 데 필독서나 다름없다. 《정신지도를 위한 규칙들》은 해제에서 말했듯 노이베르크의 겨울밤부터 작성된 미완성 유고이지만 데카르트의 첫 철학적 저술이라는 점에서, 더구나 첫 저술이 방법에 관한 것이라는 점에서 의의가 크다. 물론 여기서 개진된 내용은 《방법서설》을 거쳐 《성찰》로 발전한다. 데카르트의 혁신이 사실상 방법의 혁신이었다는 점을 기억해두자.

르네 데카르트, 《철학의 원리》, 원석영 옮김(아카넷, 2002)

데카르트가 예수회 학교의 교과서로 채택되기를 바라고 쓴 야심작으로서 그의 사상을 총망라하고 있다 해도 과언이 아니다. 《성찰》과는 달리

항목별로 짧고 일목요연하게 기술되어 있기 때문에 목차를 통해 개념별로 지식을 얻을 수 있다는 장점이 있다. 《성찰》을 읽으면서 이 책 제1부를 참고하면 여러모로 도움이 될 것이다. 《방법서설》에 이어지는 세 가지 시론이 아직 한글로 번역되지 않은 것을 아쉬워하는 독자들은 이 책의 제2, 3, 4부를 통해 만족을 얻을 수 있다. 또한 이 번역서에는 프랑스어본의 서문인 〈피코 신부에게 보내는 편지〉가 수록되어 있다. 여기에는 만년의 데카르트가 생각한 철학과 철학 하는 자세 등이 잘 기술되어 있다.

베네딕투스 데 스피노자, 《데카르트 철학의 원리》, 양진호 옮김(책세상, 2010)

스피노자는 우리에게 《에티카》의 저자로서, 또 최근에는 안토니오 네그리의 《전복적 스피노자》를 통해서 잘 알려져 있다. 《데카르트 철학의 원리》는 스피노자가 생전에 자신의 이름으로 출판한 유일한 책이며 《에티카》 이전의 스피노자를 보여주는 몇 안 되는 문헌 가운데 하나이다. 《에티카》와 같은 방식으로 기술된 〈기하학적 논증〉은 다소 난해한 편이지만, 〈서론〉은 데카르트의 방법적 회의, 코기토 명제의 발견, 신 존재 증명의 과정을 압축적으로 소개하면서 데카르트 철학을 데카르트 자신보다 더 명확히 밝히고 있다. 옮긴이의 주석과 해제도 포함하고 있어서 데카르트 철학에 관한 고전적 안내서가 될 수 있다.

스티븐 툴민, 《코스모폴리스—근대의 숨은 이야깃거리들》, 이종흡 옮김(경남대학교 출판부, 1997)

제목을 보면 무슨 후일담처럼 여겨지기도 하고, 읽다 보면 다소 난삽한 역사 스케치처럼 느껴지기도 하지만, 이 책은 후일담도 스케치도 아니다. 저자 스티븐 툴민Stephen E. Toulmin(1922~2009)은 르네상스로부터 반르네상스를 거쳐 20세기 후반에 이르기까지 근대성modernity의 주역을 맡았던 정치·철학·과학자들의 사상과 그들의 사건을 반추하면서 이들이 모두 각자의 '코스모폴리스'를 추구해왔다고 설득력 있게 해석한다. 이러한 해석에 모두가 동의할 수는 없겠지만, 이 과정에서 저자가 보여주는 사유의 크기와 학문적 편력에는 모두가 놀랄 수밖에 없다. 〈제2장 르네상스에 대한 17세기의 반동〉 중 근대의 출발 지점에 관한 역사적 기술은 이 책의 백미이다.

양진호 zino.yang@gmail.com

청소년과 시민을 위한 인문학 교육을 연구·실행하는 '인문학교육연구소' (www.paideia.re.kr)의 소장직을 맡고 있다. '교육공간 오름' 등에서 청소년 들과 인문학 공부를 함께 하고, 대학에도 출강하면서 고전 번역 작업을 병행하고 있다.

철학 공부를 하는 중 민예총 문예아카데미의 간사, 팀장으로 활동했고 '학교 밖 청소년과 함께 하는 인문학 교실'(학벌없는사회, 경희대 공동주관)에 연구원으로 참여했으며, 독일로 연구 여행을 다녀오기도 했다.

주된 관심사는 중세 말과 르네상스 시기의 철학적 문제의식이 어떻게 근대의 합리주의자들에게 이어졌는지를 추적하는 것이며, 이런 생각들의 단초들을 고대 헬라스인들 사이에서 발견하기를 즐긴다. 최근에는 서양미술사에 깊은 관심을 가지고 있다.

슈테판 츠바이크와 지그문트 프로이트의 《프로이트를 위하여》, 베네딕투스데 스피노자의 《데카르트 철학의 원리》를 번역했고 〈스피노자의 《데카르트 철학원리》(1663) 연구 (1)─〈서론〉에서 '신 증명'과 '순환논증'의 문제〉, 〈방법적 회의는 어떻게 가능한가─데카르트의 판단-의지 이론에 관한 연구〉, 〈칸트의 이론철학과 형이상학의 문제─개념의 분석론에 대한 존재론적 해석의 시도〉 등의 논문을 발표했다.

성찰

초판 1쇄 발행 2011년 4월 15일
개정 1판 4쇄 발행 2022년 10월 4일

지은이 르네 데카르트
옮긴이 양진호

펴낸이 김현태
펴낸곳 책세상
등록 1975년 5월 21일 제2017-000226호
주소 서울시 마포구 잔다리로 62-1, 3층(04031)
전화 02-704-1251
팩스 02-719-1258
이메일 editor@chaeksesang.com
광고·제휴 문의 creator@chaeksesang.com
홈페이지 chaeksesang.com
페이스북 /chaeksesang   **트위터** @chaeksesang
인스타그램 @chaeksesang   **네이버포스트** bkworldpub

ISBN 979-11-5931-243-4 04160
      979-11-5931-221-2 (세트)

책세상문고 · 고전의 세계